一書 東京夢華錄

一畫 清明上河圖

一城市 一千年前北宋首都的繁華

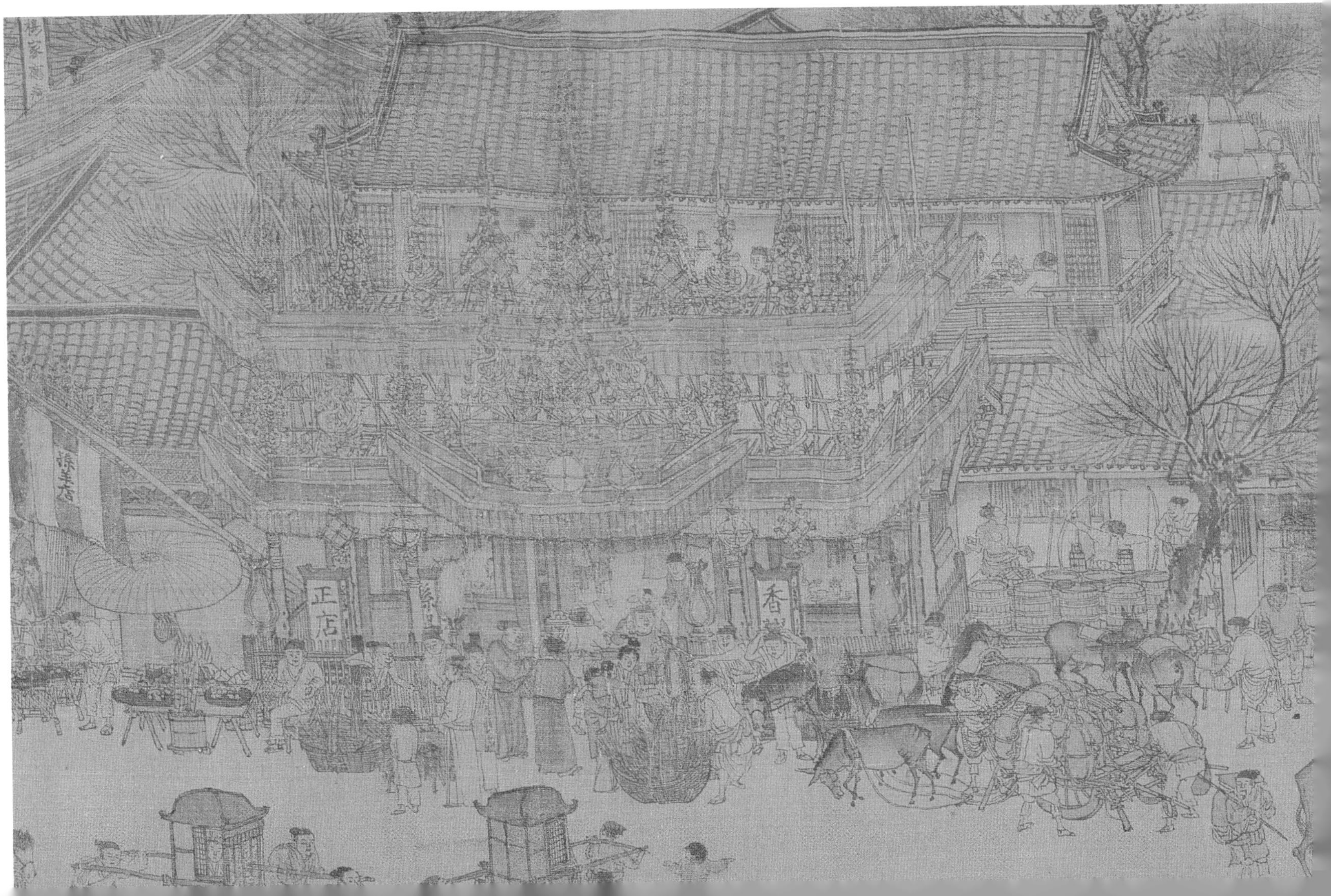

目錄

第一章

一條帶給東京百載繁華的河流

當時的京城
一百五十萬人口
資產百萬者眾

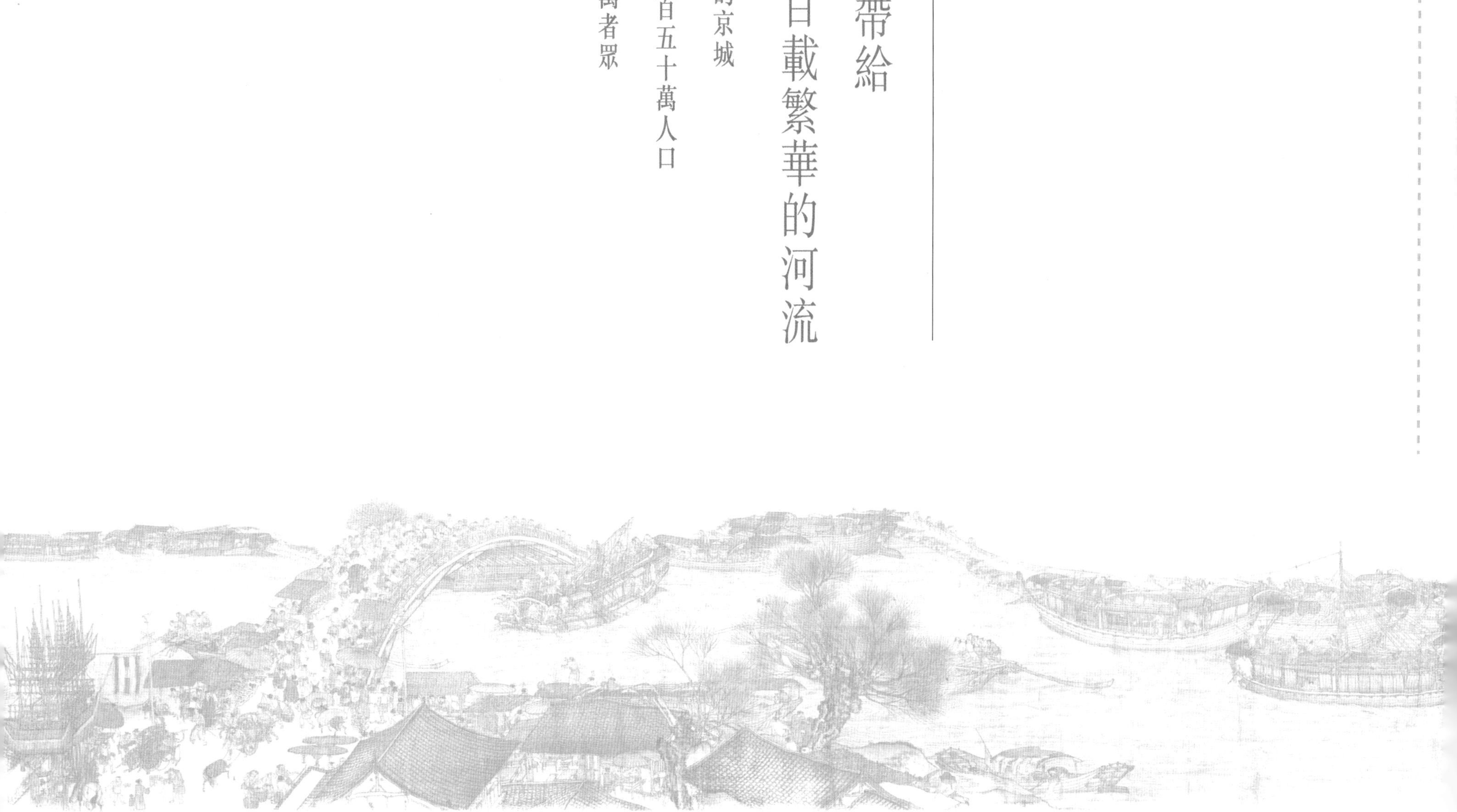

那麼繁華，是因為……

「曾觀大海難為水，除卻梁園總是村」。這兩句在講到北宋首都汴梁的富庶時經常被引用的詩句，出自駙馬柴宗慶之口。汴梁也叫汴京或者開封，因為在洛陽以東，又稱為「東京」，而洛陽就稱為西京。柴宗慶歷任京官和外地官，是見過世面的人物。北宋時期城市經濟發展，許多地方也繁富堪誇，但是，那些城市與東京相比，在這位駙馬爺眼裏都不過是村子。東京的繁華長久保留在後代的記憶裏。元代大戲曲家關漢卿借戲裏一個東京茶婆之口，說「船臨汴水休搖棹，馬到夷門懶贈鞭。看了大海休誇水，除了梁園總是天」。

這裏的「梁園」、「夷門」、「開封」、「汴梁」、「汴京」等等，都是東京的別稱。東京有七朝古都之謂，尤其是五代時期，有四個朝代都在這裏建都，但是真正稱得上是全國的都城的，只有北宋（960—1127年）一朝。這一百六十八年既爭鬧不休，亦繁盛安樂。

北宋建都開封，使開封成為「八荒爭湊，萬國咸通」之區。宋朝有大量的文獻，從城市生活的各個側面記述那時汴京「人物繁阜」的繁盛景象。著名的宰相王旦曾經感歎地說，京城資產百萬者很多，而十萬以上的人，所在皆是。

汴京作為一個擁有一百五十萬人口的大都會，「添十數萬眾不加多，減之不覺少」。

北宋亡國後，東京的精緻生活氣氛讓後世留下深遠的回憶。

汴梁的這種繁盛在後周就奠定了基礎。周世宗時期，開封已經是「工商外至，絡繹無窮」，迅速增長的人口，使唐代留下的汴州城無法容納。於是周世宗力排眾議，大規模擴建與改造開封。

首先是建造了一個周圍四十餘里，「望之聳然」的新城，使整個東京城成為擁有宮城、皇城、外城三重城牆，層層相套的重城式佈局，開創了元、明、清三代都城佈局的先河。其次，是改造老城，拓寬街道，允許居民臨街掘井、種樹、修蓋涼棚，起建樓閣，臨街開設店鋪，城市面貌從隋唐的封閉型的里坊變為近世的敞開型。這一巨大變化，是當時商品經濟發展的必然結果。傳統的「夜禁」被衝破，逐漸出現了繁榮的夜市。有些夜市直至三更，才五更又復開張，甚至「通曉不絕」。

從交通的便利，漕運的順暢來說，北宋只能定都開封。開封地理位置適中，「自古東西路，舟車此地分」，在北宋的時候，這裏水道遍佈，是「水陸要衝，運路咽喉」，有前代開鑿的汴河可以利用。

汴河的前身是隋朝開鑿的通濟渠，通濟渠的開鑿過程中，曾付出沉重的代價，而通濟渠的作用還沒有得到充分發揮，隋朝便滅亡了。通濟渠在唐朝以後稱汴河。汴河的重要作用，在唐王朝才發揮出來。唐人皮日休在《汴河懷古》一詩中就說：「盡道隋亡為此河，至今千里賴通波，若無水殿龍舟事，共禹論功不下多。」在安史之亂以後，河北藩鎮割據，維持唐王朝的物資供應必須依賴東南，「賦取所資，漕運所出，軍國大計，仰於江淮」。所以，唐人李敬方在《汴河直進船》一詩中對汴河作了這樣客觀的評價：「汴水通淮利最多，生人為害亦相和，東南四十三州地，取盡脂膏是此河。」從唐朝後期開始，說汴河已經成了唐王朝的生命線，一點也不為過，這真是前人種樹後人乘涼。

宋朝的水運成本只是陸運成本的四分之一，所以宋朝大宗貨物的運輸主要是依靠水路。北宋政府為滿足開封的龐大需求，建立了以開封為中心的水路交通網。立國之初，就先後疏浚和開鑿了連接濟水與山東的廣濟河、連接西南地區的蔡河，以及連接東南地區的汴河和江南運河，貫通了黃河、淮河、長江諸水系，將江南各地的財富源源不斷運到開封。

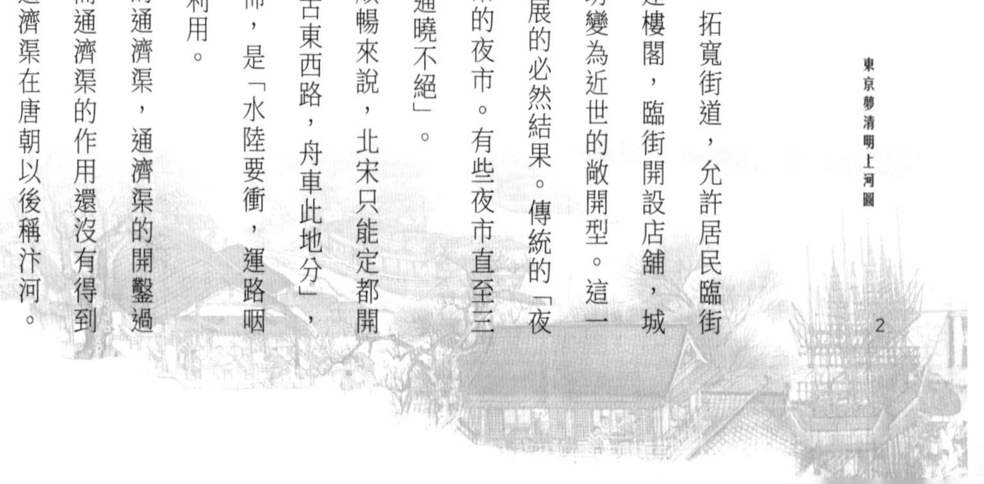

北宋東京示意圖（據周寶珠圖改繪）

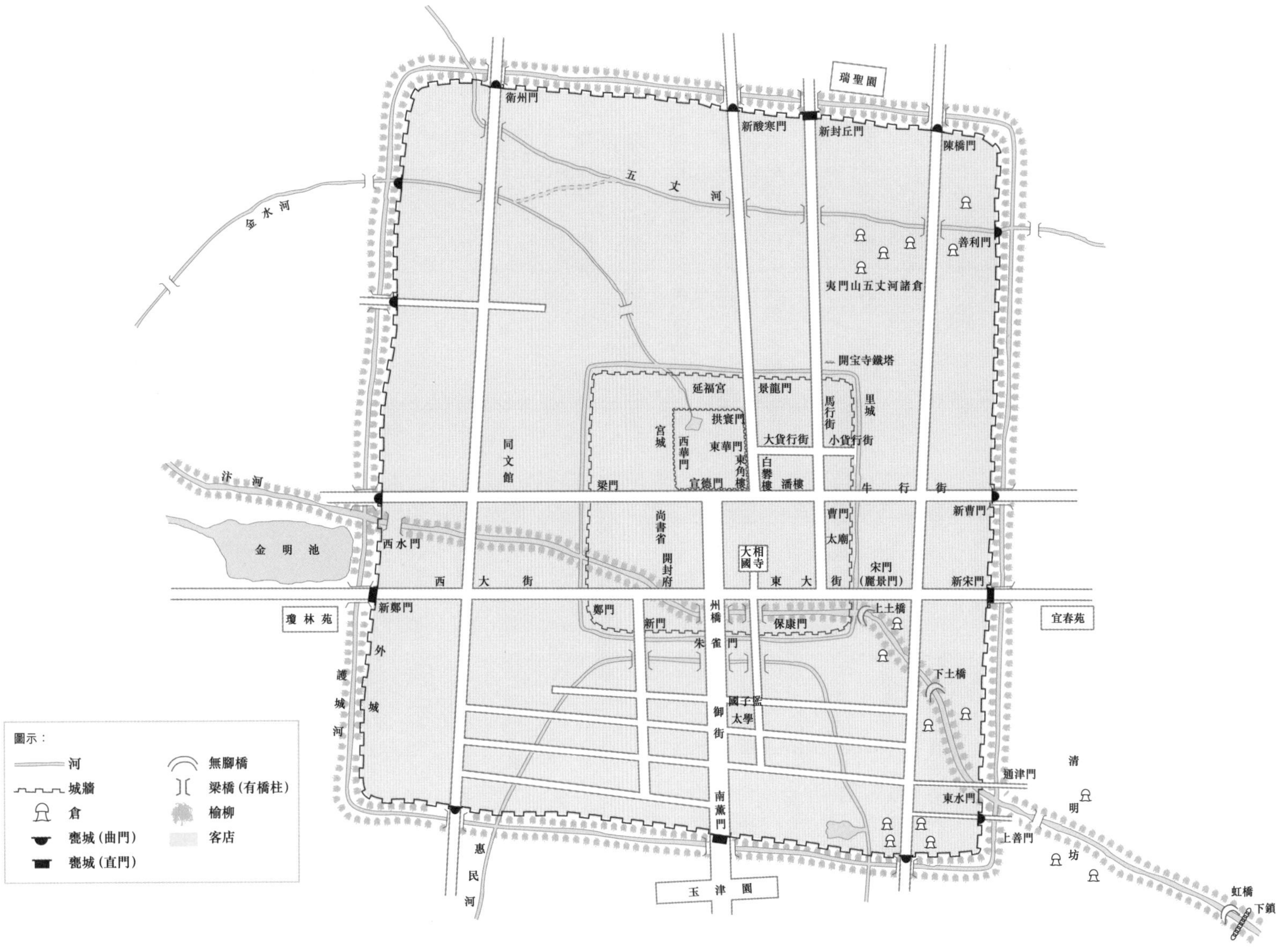

宋朝的一個有名的大臣張洎說，天下一半的財賦物資，都是通過這條路源源不斷運往東京的。大文豪蘇軾的恩師張方平更把汴河提到了「建國之本」的高度。

汴河的運輸年額隨着北宋朝廷的糜費與日俱增。據《宋史．食貨．漕運》所載，從開寶（968-976年）初到景德四年（1007年），江淮糧食年運額從數十萬石增至六百萬石。到大中祥符（1008-1016年）初，更增至七百萬石，以後大體維持在六百萬石上下，這龐大的漕運量，大部分都是通過汴河完成的。

汴河帶來了東京的百年繁華。

這是首都的生命線，可是……

北宋王朝為了維護好汴河這條生命線，採取了許多措施。其中一項措施，在《清明上河圖》裏可以看得出來，那就是種植柳樹。沿堤種植榆柳是固護堤防的一種有效辦法，榆柳生長迅速，成材後幹粗根深，可以穩固堤岸與土基。榆柳還可以改善沿堤綠化，樹幹和枝梢都可以用作護堤堵口的材料，所以汴河沿岸的榆柳，早在隋代開鑿大運河的時候就已經普遍種植，到了宋代，更是一項經常措施，常抓不懈。早在開寶五年（972年）的時候，宋太祖就下詔沿黃、汴等各條河道所屬州縣都要種植榆柳，並且規定了硬性的指標，讓沿河家家戶戶都參與種植榆柳的活動，使汴河及其他各河堤岸榆柳成蔭。謝德權在任職領護汴河的時候，一次負責在京城附近種植的樹木就有數十萬棵之多。所以，熙寧年間，日本僧人成尋乘舟航行自江南運河至汴河時，沿途皆見兩岸「楊柳相連」，「榆樹成林」，稱讚不已（《參天台五台山記》卷3）。

宋太祖在統一全國的過程中，採取的是先難後易，先南後北的策略。有一次，割據兩浙的錢俶為了討好宋廷，親自跑到東京來，向宋太祖進貢了一條「寶犀帶」，結果宋太祖對錢俶說，「朕有三帶」，錢俶十分詫異，宋太祖於是向錢俶解釋說，我的三帶與你的「寶犀帶」不同，而是「汴河一條，惠民河一條，五丈河一條」，說得錢俶面紅耳赤，羞愧難當。

淳化二年（991年）六月，汴河在開封附近決口，宋太宗率領文武百官前去查看，宋太宗看到堵口困難，親自下到洪水之中，一班近臣大為惶恐，於是禁軍一個個奮勇當先，終於堵住了缺口。宋太宗不勝感慨地說：東京養兵數十萬，居民更有百萬家，所有的物資供應，都仰仗這條汴河，我怎麼能夠放心得下呢！由此可見當日汴河在統治者心目中的重要性。

汴河是一條人工運河。北宋汴河因為與黃河交接，而黃河又以暴漲暴落、含沙量特大著稱，這使汴河建設面臨一系列十分複雜的技術問題。

汴河的上游沒有固定的迎水口，這是因為汴河引水於含沙量較高、徑流變率大的黃河，五代至北宋又是歷史上黃河含沙量高，決溢泛濫最嚴重的時期，黃河有史料記載的六次大的改道，其中三次發生在北宋。由於黃河「向背不常」，導致北宋無法建造永久性的汴口，而是要根據每年黃河河道的具體情況，不斷開挖新的汴口以迎黃河的河水。這樣汴口不僅每年都有變易，而且一年當中也有變移，因此，汴河的河口每年都有擬開、次擬開、擬備開凡四五處。

由於汴口經常興作，人力財力耗費很大，所以，北宋時期經常有人建議建立比較固定的汴口，以減少工役。在王安石變法期間曾經做過這樣的嘗試，但是沒有成功。

於是，在王安石變法期間又有導洛通汴之舉，就是引洛陽附近的洛河水作為汴河的水源，這項工程元豐二年（1079年）三月開始興工，到六月完成，七月汴口閉斷黃河水，改由洛水入汴。這項工程在一段時期內取得了很好的成效。

汴河牽動黃河三分之一的流量，但是，黃河在冬季進入枯水季節，水少斷流，或者水淺結冰，無法保證汴河用水。再者，汴河引用黃河水，泥沙沉積嚴重，河床日益增高，每年冬季的枯水斷流之時，都要趁機進行清淤，以保證來年通航。另外，黃河入冬之後流冰較多，冰凌進入汴河，對河堤及船隻威脅很大。由於有這些問題，每年冬季都要關閉汴河口，漕運船隻要等到來年的清明才能逆流而上。每當漕運開始，「汴渠春望漕舟數十里」，形勢非常壯觀。這也是為甚麼許多學者認為，《清明上河圖》描繪的是清明時節漕船初航時的景象。而導洛入汴之後，通航期大為延長，可以提前到二月一日，甚至更長。而且洛水清澈，所以又稱「清汴」，「清汴」不像黃河入汴之水水勢湍激，這樣行船就比過去大為安全。汴河的維修人員、綱船人員也就可以比清汴前相應減省。但是，由於當時生產力的限制，導洛通汴工程也存在一些不完善之處，特別是未能完全控制洛水的暴漲暴落，所以，不時還需要從黃河中補充水源。

更不幸的是……

開封附近一馬平川，被稱為「四戰之地」，軍事上無險可依，防禦上的不足顯而易見。北宋詞人秦觀就比較過洛陽、長安和開封之間的優劣，指出建都洛陽、長安，有天然的地理屏障可以憑依，而建都開封，就只能「以兵為險」，這恰恰是宋太祖趙匡胤一直不想把都城定在汴梁的原因。

但是，開封作為都城，在當時又有無可替代的優勢。五代中的梁、晉、漢、周都以開封為都城，不是沒有道理的。從軍事角度講，北宋立國於五代之後，北方經過長期的戰爭破壞，許多地方已經是滿目瘡痍，全國的經濟重心已經移到江南。宋朝的北方和西北，有大遼和西夏虎視眈眈，為了能有效地抗擊遼和西夏的威脅，必須建都北方。而遼、夏的威脅不除，養兵的政策又不能變，京都的士庶、北境的重兵必須有充足的後勤保障，這種保障只能來自於南方，仰給於漕運。

開寶九年（976年），這已經是北宋建立之後的第十七個年頭了，趙匡胤出巡洛陽，那是他的出生地，趙匡胤想留下不走，大臣誰也不敢再勸他，結果只能是他的弟弟，後來繼承了皇位的晉王趙匡義出面進諫。趙匡胤說自己想遷都無非是想憑山河之險，而趙匡義則說「在德不在險」。這場爭論最終還是趙匡胤聽從了大家的意見而結束，不過，趙匡胤也說了一句帶有讖語意味的話，他說，如果定都開封，那麼「不出百年，天下民力殫矣！」從960年北宋建立，到1127年北宋滅亡，也就百餘年的時間，繁華變為丘墟。滄桑巨變的原因之一，就是宋太祖一直擔心的「冗兵」所造成的。宋朝有「三冗」：「冗兵」、「冗官」、「冗費」，以此帶來的一系列的社會問題，引發了以范仲淹領導的「慶曆新政」，和以王安石領導的變法，並因為對改革措施有不同的政見，導致了北宋愈演愈烈的黨爭，成為北宋滅亡的一大原因。

留下了一書一畫一個繁華夢

隨着北宋覆亡，汴梁的繁盛化為過眼雲煙。南宋初年，詩人范成大奉命出使金朝，他路過汴梁時，看到故都一派頹敗景象，甚至在新城裏都荒蕪到可以種田了。昔日聞名的大相國寺，這個時候也已經面目全非，「傾簷缺吻，無復舊觀」。

金朝後來定都現在的北京。作為當年汴京的水上大動脈，汴河這時候因為無從發揮其原有的功能而日漸淤塞乾涸了，范成大在《詠汴河》詩中寫道：「指顧枯河五十年，龍舟早晚定疏川。還京要看東南運，酸棗棠梨莫蓊然。」並自註曰：「汴河自泗州以北皆涸，草木生之。」范成大感慨今昔，不勝黍離之悲。這可真是「瘡痍滿目繁盛地，千古興廢兩悠悠」。

東京這朵近世城市之花，還沒有完全盛開，就在金兵鐵蹄之下，塵封起來。

東京的繁華已成往事，幸運的是當時有兩個有心人為我們留下了一書一畫，可以讓我們追摹往昔的勝景。一書就是孟元老的《東京夢華錄》，作為一個目睹東京滄桑巨變的遺民，孟元老南渡之後「情緒牢落」，暗想當年「節物風流，人情和美」，如今只是一枕黃粱，於是有了這本《東京夢華錄》。從他自署「幽蘭居士」來看，孟元老並不像是他的真實姓名。孟元老的生平事跡，長期以來眾說紛紜，莫衷一是。據本書作者在自序裏稱，他早年隨先人居住在東京城裏，北宋滅亡而南遷，此書撰於南宋紹興十七年（1147年），距北宋滅亡的1127年，恰恰過了二十個年頭。但由於汴京昔日的繁華，時已煙消雲散，一去不復返了，作者只能像《列子•黃帝篇》中所說的那樣：「晝寢而夢遊於華胥氏之國。……蓋非舟車足力之所及，神遊而已。」因題書名曰《東京夢華錄》，以表示他對故都的無限懷念和深沉的悵恨之感。

一畫就是張擇端的《清明上河圖》。張擇端的身世和《清明上河圖》，最早的記述都來自長卷後面金朝書畫鑒賞家張著的跋文。這篇跋寫於金大定丙午（1186年），距離北宋滅亡已經整整六十年，六十一個甲子，中國人是特別重視的，在這一年的清明後一日，張著為我們留下了這篇珍貴的跋文。他在跋文裏簡要介紹了張擇端的身世：他的故鄉在東武，就是今天山東的諸城，幼年時在家鄉讀書，大概他也像無數的讀書人一樣，夢想通過科舉考試，「以一日之長，決取終生富貴」吧，所以他有一段遊學京師的經歷，後來才學習繪畫。曾在翰林圖畫院供職，最喜歡畫「舟車市橋郭徑」，在市肆畫的創作中，又能跳出界畫，「別成家數」，創出了一條獨具風格的繪畫道路。張著對他的繪畫評價很高。《清明上河圖》畫成之後，並非沒有圖書著錄過這幅千古之作，張著在跋文裏提到一本叫《評論圖畫記》的書，書裏說張擇端的《西湖爭標圖》、《清明上河圖》，都是「神品」，「藏者宜寶之」。

張擇端《清明上河圖》和孟元老的《東京夢華錄》，珠聯璧合，成為我們追憶東京繁盛的最形象化的資料。

夢的記載

（元）脫脫等《宋史．食貨誌》：

宋都大梁，有四河以通漕運：曰汴河、曰黃河、曰惠民河、曰廣濟河，而汴河所漕為多。

（宋）范鎮《東齋記事》：

朕有三條帶，與此不同……汴河一條，惠民河一條，五丈河一條。

《宋史．河渠誌》：

東京養甲兵數十萬，居人百萬家，天下轉漕，仰給在此一渠水，朕安得不顧。

《宋史．河渠誌》：

大河向背不常，故河口歲易；易則度地形，相水勢，為口以逆之。

《宋史．河渠誌》：

車駕入泥淖中，行百余步，從臣震恐。殿前都指揮使戴興叩頭懇請回馭，遂捧輦出泥淖中。詔興督步卒數千塞之。日未旰，水勢遂定。帝始就次，太官進膳。親王近臣皆泥濘沾衣。

《宋史．河渠誌》：

今天下甲卒數十萬眾，戰馬數十萬匹，並萃京師，悉集七亡國之士民於輦下，比漢、唐京邑，民庶十倍。甸服時有水旱，不至艱歉者，有惠民、金水、五丈、汴水等四渠，派引脈分，咸會天邑，舳艫相接，贍給公私。所以無匱乏，唯汴水橫亘中國，首承大河，漕引江、湖，利盡南海，半天下之財賦，並山澤之百貨，悉由此路而進。

（宋）張方平《樂全集》卷二十七：

今日之勢，國以兵而立，兵以食為命，食以漕運為本，漕運以河渠為主。國家初浚河渠三道，通京城漕運。自後定立上供年額，汴河斛斗六百萬石，廣濟河六十二萬石，惠民河六十萬石。

廣濟河所運多是雜色粟豆，但充口食馬料，惠民河所運止給太康、咸平、尉氏等縣軍糧而已。唯汴河所運一色粳米，相兼小麥，此乃太倉蓄積之實。今仰食於官者，不惟三軍：至於京師士庶以億萬計，大半待飽於軍食之餘。故國家於漕事，至急至重。京，大也；師，眾也，大眾所聚，故謂之京師。有食則京師可立，汴河廢則大眾不可聚。汴河之於京城，乃是建國之本，非可與區區溝洫水利同言也。

（宋）李燾《續資治通鑑長編》卷十七：

晉王又從容言曰：遷都未便。

上曰：遷河南（洛陽）未已，久當遷長安。

王叩頭切諫。

上曰：吾將西遷者無他，欲據山河之勝而去冗兵，循周、漢故事，以安天下也。

王又言：在德不在險。

上不答。王出，上顧左右曰：晉王之言固善，今姑從之。不出百年，天下民力殫矣！

《宋史．河渠誌》：

汴河，自隋大業初，疏通濟渠，引黃河通淮，至唐，改名廣濟。宋都大梁，以孟州河陰縣南為汴首受黃河之口，屬於淮、泗。每歲自春及冬，常於河口均調水勢，止深六尺，以通行重載為准。歲漕江、淮、湖、浙米數百萬，及至東南之產，百物眾保，不可勝計。又下西山之薪炭，以輸京師之粟，以振河北之急，內外仰給焉。故於諸水，莫此為重。其淺深有度，置官以司之，都水監總察之。然大河向背不常，故河口歲易；易則度地形，相水勢，為口以逆之。遇春首輒調數州之民，勞費不貲，役者多溺死。吏又並緣侵漁，而京師常有決溢之虞。

《宋大詔令集》卷一八二「沿河州縣種榆柳及所宜之木詔」：

委長吏課民別種榆柳及土地所宜之木，並按戶籍等第分配種植任務，一等戶每歲種五十本，以下各遞減十本。

《續資治通鑑長編》卷三零二：

三司言發運司歲發頭綱入汴，舊以清明日，自導洛入汴，以二月一日，今自去冬汴水通行，不必以二月為限。

《續資治通鑑長編》卷八五：

國家承平歲久，兼併之家，徭役不及，坐取厚利。京城資產百萬者至多；十萬而上，比比皆是。

（宋）孟元老《東京夢華錄》序：

舉目則青樓畫閣，繡戶珠簾。雕車競駐於天街，寶馬爭馳于御路，金翠耀目，羅綺飄香；新聲巧笑于柳陌花衢，按管調弦於茶坊酒肆。八荒爭湊，萬國咸通。集四海之珍奇，皆歸市易；會寰區之異味，悉在庖廚。

（宋）范成大《攬轡錄》：

新城內大抵皆墟，至有犁為田處。舊城內麓布肆，皆苟活而已。四望時見樓閣崢嶸，皆舊宮觀寺宇，無不頹毀。

（金）張著《清明上河圖》跋文：

翰林張擇端，字正道，東武人也。幼讀書，遊學於京師，後習繪事，本工界畫，尤嗜於舟車市橋郭徑，別成家數也。按向氏《評論圖畫記》云：《西湖爭標圖》、《清明上河圖》，選入神品，藏者宜寶之。

第二章

作一次美妙的

清明上河圖導覽，

一筆一畫描下十個焦點圖像，

我所愛的大手筆。

騎驢入畫圖

我們是在一隊驢子「嗒嗒嗒」的蹄子聲中走進《清明上河圖》的。驢子共有五頭，每隻驢子身上都馱着兩個大袋子，一前一後，一少一老，就這樣趕着驢子，在荒郊野外行進。看小道上的樹枝依然光禿禿的，還是寒意料峭的景象。所以，有的學者認為這些驢子身上馱着的是木炭。每年的十月一日之後，汴梁城裏都需要大量的木炭取暖，民間還專門有「暖爐會」。有些學者更進一步地把這馱着木炭的驢隊作為他們論證《清明上河圖》描繪的是秋天景象的證據。但是，也有學者說，汴梁城裏一年四季用木炭的時候多着呢，光是武成王廟前海州張家、皇建院前鄭家的大餅店，每家就有五十多個烘爐，每天就需要多少木炭？

看，我們還剛剛進入《清明上河圖》呢，就有這麼多的爭吵，可真是夠熱鬧的。還有更熱鬧的呢。南宋初的一個人在他的筆記裏還說，汴梁城裏面家家戶戶燒的都是煤炭！這到底是怎麼回事呀？專家們都要把我們吵暈了！

宋朝由於雕版印刷業的興盛，文獻資料大為豐富，可是盡信書不如無書，有些文獻也有相互矛盾的地方哟！文獻的歧義，加上《清明上河圖》描繪的是近一千年前的東京風俗，那時的生活和我們現在的人之間畢竟有了許多時空上的隔膜。於是，專家們你說你的，我說我的，吵得不亦樂乎。可也正是因為有了這些熱鬧吧，加上張擇端畫得實在好，《清明上河圖》就有了更多的讀者和觀眾，其實，我們又何嘗不可以做出自己的判斷呢？

卷首所呈現的鄉郊景象，既寫實又如宋詞小令所表現的意境那麼優美。看，那小橋流水扁舟村舍，不是常見於中國的山水畫嗎？

夢的記載

（宋）孟元老《東京夢華錄》卷九之「十月一日」：十月一日，宰臣已下受衣着錦襖，三日，士庶皆出城饗墳。禁中車馬出道者院。及西京朝陵。宗室車馬，亦如寒食節。有司進暖爐炭。民間皆置酒作暖爐會也。

《東京夢華錄》卷四之「餅店」：凡餅店有油餅店，有胡餅店……每案用三五人捍劑卓花入爐。自五更桌案之聲，遠近相聞。唯武成王廟前海州張家、皇建院前鄭家最盛，每家有五十餘爐。

（宋）莊季裕《雞肋篇》卷中：昔汴都數百萬家盡仰石炭，無一家燃薪者。

楊柳雜花裝簇轎頂

這隊人馬前有僕人開道，女主人的轎子上插有枝條雜花，後面的僕人肩上挑着甚麼東西，男主人騎馬走在隊伍的後面。主張春景說的學者，根據汴河沿線中「王家紙馬」店招，門前有紙紮樓閣，和《東京夢華錄》中對於「清明節」的相關記載，認為這隊人馬分明是表現「清明節」掃墓回城的景象。

夢的記載

《東京夢華錄》卷七之「清明節」：清明節，尋常京師以冬至後一百五日為大寒食。前一日謂之炊熟，用麵造棗餾飛燕，柳條串之，插於門楣，謂之子推燕。（寒食節是紀念春秋時晉國的忠臣介之推。）

《東京夢華錄》卷七之「清明節」：都城之歌兒舞女，遍滿園亭，抵暮而歸。各攜棗餾、炊餅，黃胖，掉刀，名花、異果，山亭、戲具，鴨卵、雞雛，謂之門外土儀。轎子即以楊柳雜花裝簇頂上，四垂遮映。自此三日，皆出城上墳，但一百五日最盛。

宋朝為維護社會階級的高低，對轎子等裝飾華麗的代步工具有嚴格限制。宋朝早期只有年老的官員才可乘轎。北宋中期以後，富商巨賈的消費能力越來越高，他們為了炫耀財富，爭相使用轎子代步，連官方都難以禁止。到了北宋晚期，民眾也以乘轎為常事，例如女子出嫁多會乘花轎出閣。

在整幅長卷裏，張擇端畫了八頂轎子，有在荒郊路上朝讀者走來，有走往橋的對面，有停在大街等待客人，有穿過熱鬧的人群……，人物不大，但每處轎夫的體態、姿勢、表情各不相同，顯示了畫家的功力，能以簡練而遒勁的線條生動地為人物造型。這種功力且體現於全畫。

這是一片「青銅海」

東京附近有許多菜地。《水滸傳》中的花和尚魯智深，就曾經為東京開封大相國寺看管過菜地，「花和尚倒拔垂楊柳」的故事就發生在相國寺的菜園裏。由於種菜的收益要十倍於種田，所以（宋）孟元老《東京夢華錄》說「大抵都城左近，皆是園圃，百里之內，並無閑地」。汴梁曾經有一個紀姓的老人，靠着一把鋤頭十畝地，種菜養活了一家三十口人。老人在臨終的時候諄諄告誡子孫看管好這些菜地，說這些菜地就是能再生銅錢的「青銅海」呀！

一塊塊的菜圃也可以看到畫家的用心和筆力，那些橫直的線條若處理得不好，田圃就不像田圃了。郊外田園該是寧靜的，但旁邊的路有一隊人馬走過，靜中有動，連聲音也聽得見了。

夢的記載

（宋）陶穀《清異錄》：汴老圃紀生，一鋤庇三十口。病篤，呼子孫戒曰：此十畝地，便是青銅海也。

《東京夢華錄》卷一之「大內」：其歲時果瓜蔬茹新上市，並茄瓠之類新出，每對可值三五十千，諸閤分爭以貴價取之。

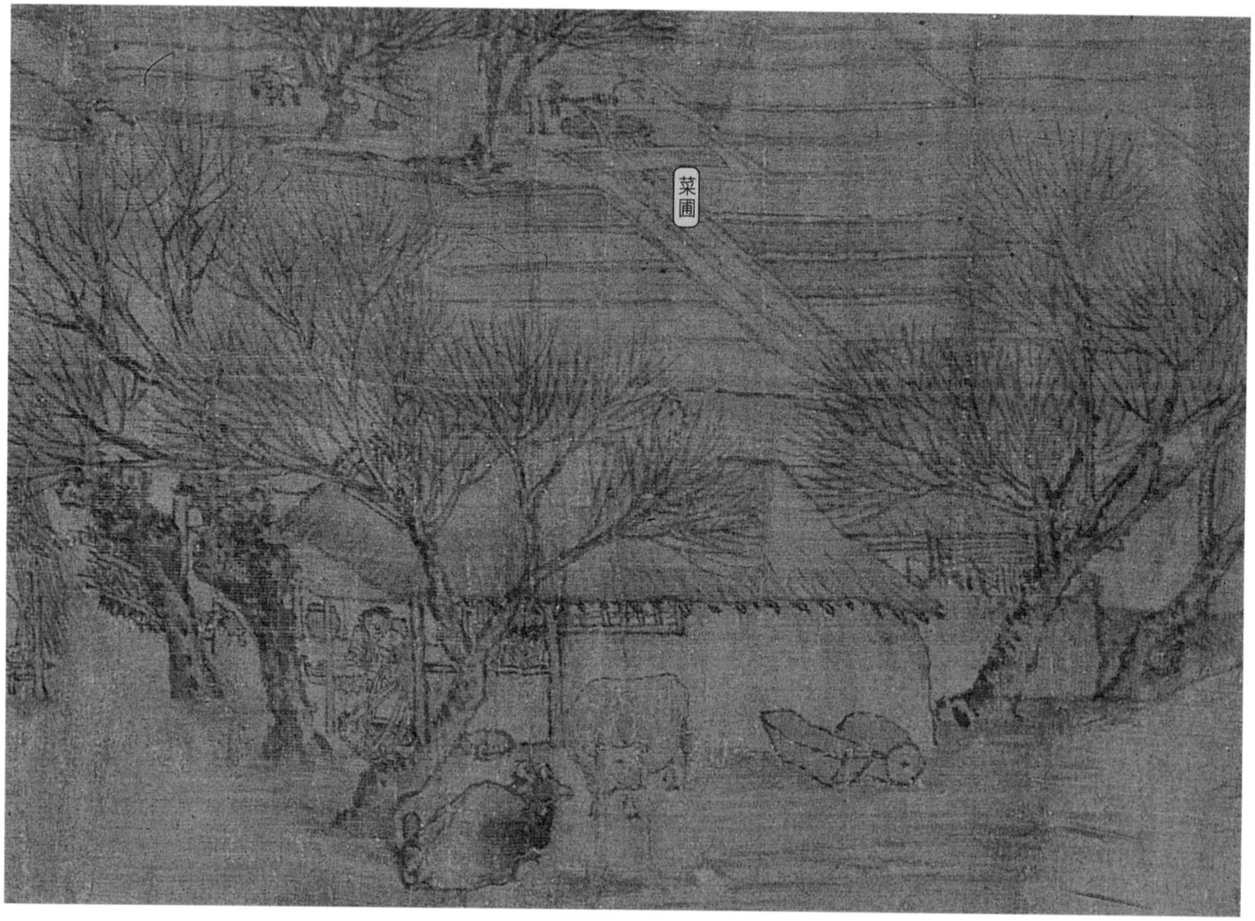

汴水悍激

作為東京大動脈的汴河，是一條人工河。常見運河的水，較為平靜，因為運河一般都不傾向選在地勢險要，通航困難的地方。《清明上河圖》的汴河水流，卻似洶湧大河，水流頗急。這是因為汴河是引黃河水的，黃河暴漲暴落，本身水流急，含沙量大，入冬冰凌多。所以有一段時間，曾改引洛水到汴河，洛水清澈，也沒有黃河水流之急，但也是暴漲暴落，而且水量未足供汴河之用，所以還是要引黃河水來補充。

汴水悍激，因此常常出現沖壞橋柱，毀壞舟船的情況。在岸邊行走，萬一失足，也九死一生。

夢的記載

（清）徐松輯錄《宋會要輯稿・方域》一三之二一：天禧元年（1017年）正月，罷修汴河無腳橋。初，內殿承制魏化基言：汴水悍激，多因橋柱壞舟……

（宋）王明清《揮麈後錄》卷七：汴水湍急，失足者隨流而下，不可復活。舊有短垣以限往來，久而傾圮，民佃以為浮屋。元祐（1086-1093年）中，方達源為御史，建言乞重修短垣，護其堤岸。疏入，報可，遂免渰溺之患。

倉前成市

汴河是北宋王朝的生命線，所以張擇端在《清明上河圖》中不惜用三分之一篇幅和大量筆墨，精心描繪汴河的航運。他在畫面上一共畫了二十多艘大小船隻，這些滿載官府和商人的百貨和糧食的船舶，絡繹不絕地由江南各地航進汴京。為了儲存這些物資，沿着汴河形成了許多倉儲區。每當漕船到來，商販也就雲集在倉庫附近，形成規模不等的集市。《清明上河圖》中汴河沿岸的建築都比較簡單，船隻附近也有忙進忙出搬運貨物的人，表現的就是文獻中「倉前成市」的景象。

這個臨河的碼頭上，一包包貨物堆放在地上，有位大爺坐在貨包上張開手叫喚前面的人，有背着貨物的回過頭來，像在聽對方說甚麼；一個背了貨想走了，卻給旁邊的人嘮叨；另一人則彎身向前瞪着貨物，似在數算有沒有少掉甚麼。

夢的記載

（宋）周邦彥《汴都賦》：舳艫相銜，千里不絕，越舲吳艚，官艘賈舶，閩謳楚語，風帆雨楫，聯翩方載，鉦鼓鏜鈴。

《東京夢華錄》卷一之〈外諸司〉：自州東虹橋元豐倉、順成倉，東水門裏廣濟、裏河折中、外河折中、富國、廣盈、萬盈、永豐、濟遠等倉，陳州門裏麥倉子，州北夷門山、五丈河諸倉，約共有五十餘所。日有支納下卸，即有下卸指揮兵士，支遣即有袋家，每人肩兩石布袋。遇有支遣，倉前成市。近新城有草場二十餘所。每遇冬月，諸鄉納粟稈草，牛車，闐塞道路，車尾相銜，數千萬量不絕，場內堆積如山。

我的手筆

以幾個人物就要表現碼頭貨運的繁忙，畫家的觀察細微極了，戲劇場面躍然紙上。

我的發現：

非甚大風不行的萬石船

有一種「形制圓短」的漕船，載重量達一萬石（500噸）以上，《清明上河圖》中就描繪有這樣的船，雖然是具體而微的。宋朝的造船業很發達，凡是水路便利和盛產木材的地方，都會設置官方造船工場，造船數目十分可觀，如在997年，便達三千多艘。

宋朝的造船業不但規模大，而且技術高。唐朝的海外貿易雖然已經取得很大的發展，但是當時的遠洋航行卻幾乎被阿拉伯商船壟斷。宋人克服了種種技術障礙，才使中國商船活躍於東亞和東南亞海域。

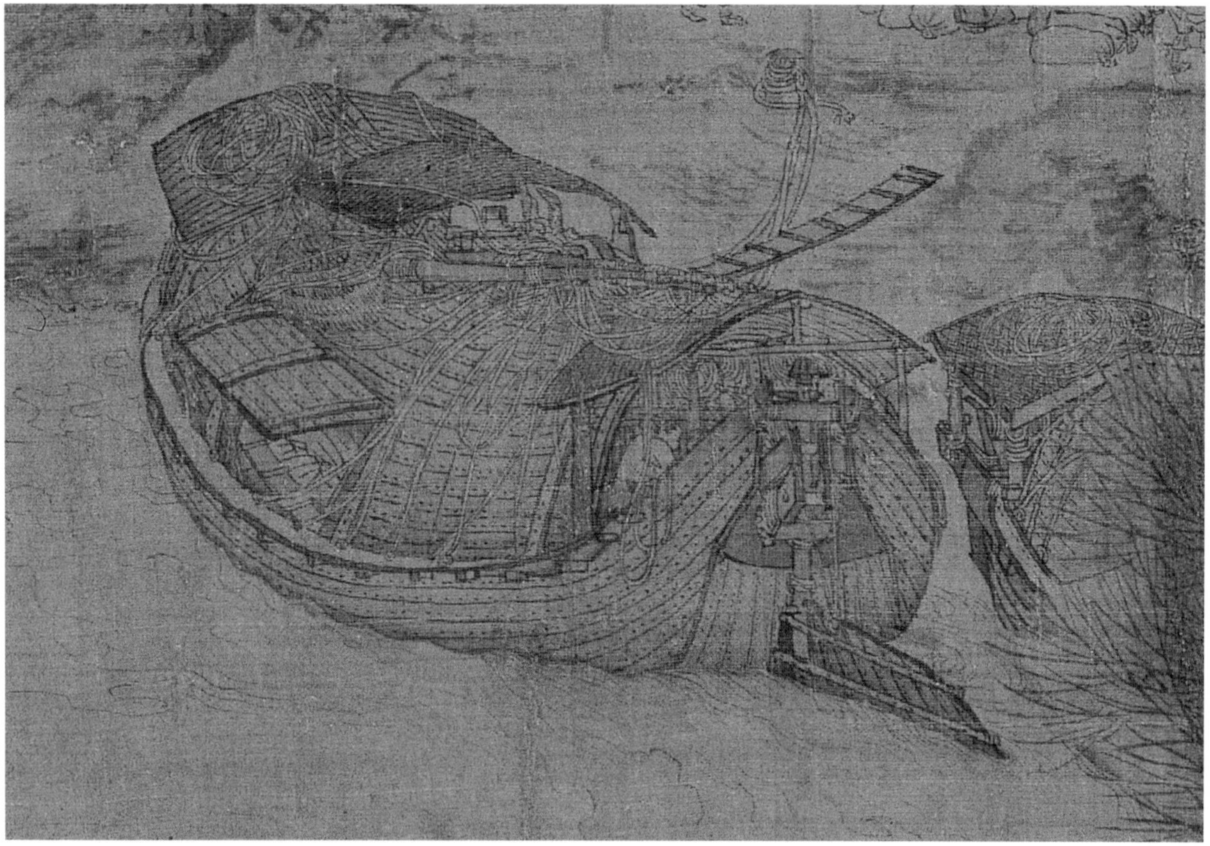

夢的記載

（清）徐松輯錄《宋會要輯稿．食貨》五十之四，元豐三年（1080年）六月二十七日詔：真、楚、泗州各造淺底船百艘，團為十綱，入汴行運。

（宋）張舜民《畫墁錄》卷八：丙戌，觀萬石船。船形制圓短，如三間大屋，戶出其背，中甚華飾，登降以梯級，非甚大風不行，錢載二十萬貫，米載一萬二千石。

（明）宋應星《天工開物．漕船》：凡鐵錨所以沉水繫舟，一糧船計用五、六錨，最雄者曰看家錨，重五百斤內外，其餘頭用兩枝，梢用二枝。

我的手筆

靠着精微細緻的寫實畫風，畫家留下了像照片一樣的船兒肖像畫。桅杆雖然放倒了，釘帽、平衡舵都一絲不苟，畫家到底花了多少精力？

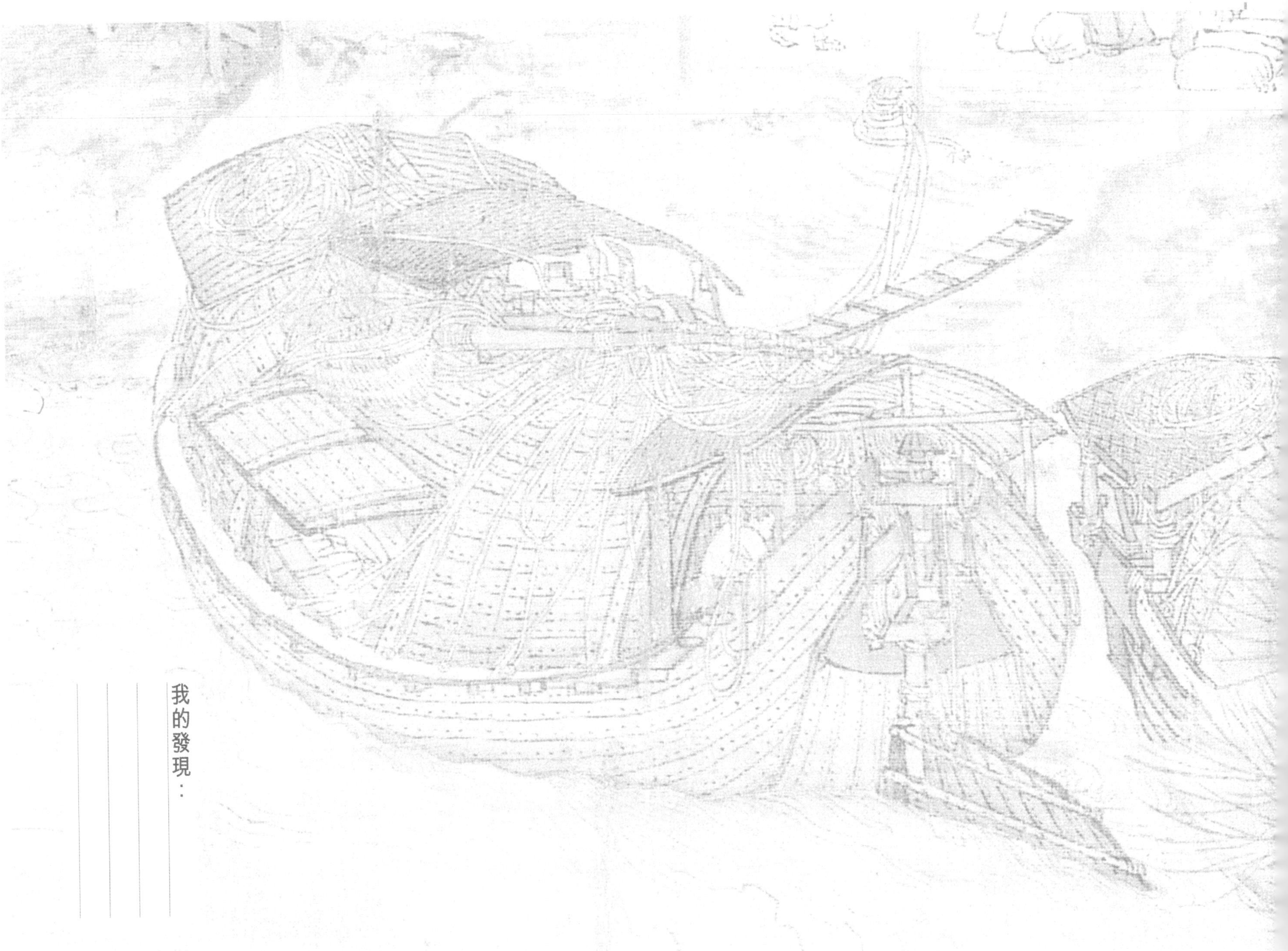

我的發現：

水至清則無魚

汴河裏有各式各樣的船隻航運，不光是官方造船的質量高，私人造的船質量也不差。抗金名臣李綱就認為官方造船「決不如民間私家打造之精緻。」每到漕運季節，汴河上「舳艫相銜，千里不絕」，有的船從泗州到東京一千一百里的路程，只需要七天的時間。官方組織的漕船，為了提高船工的積極性，默許他們捎帶不超過總運量百分之二十的貨物。宋神宗元豐年間，曾經禁止漕船攜帶私人貨物，船工無利可圖，生活困難，不僅影響到漕運效率，而且盜食官糧，最後朝廷不得不恢復原來的辦法。北宋政府為了把大量糧食，從江南經運河運往開封，於是大量建造漕船，這些漕船按照一定數量組成一個編隊，稱為綱。

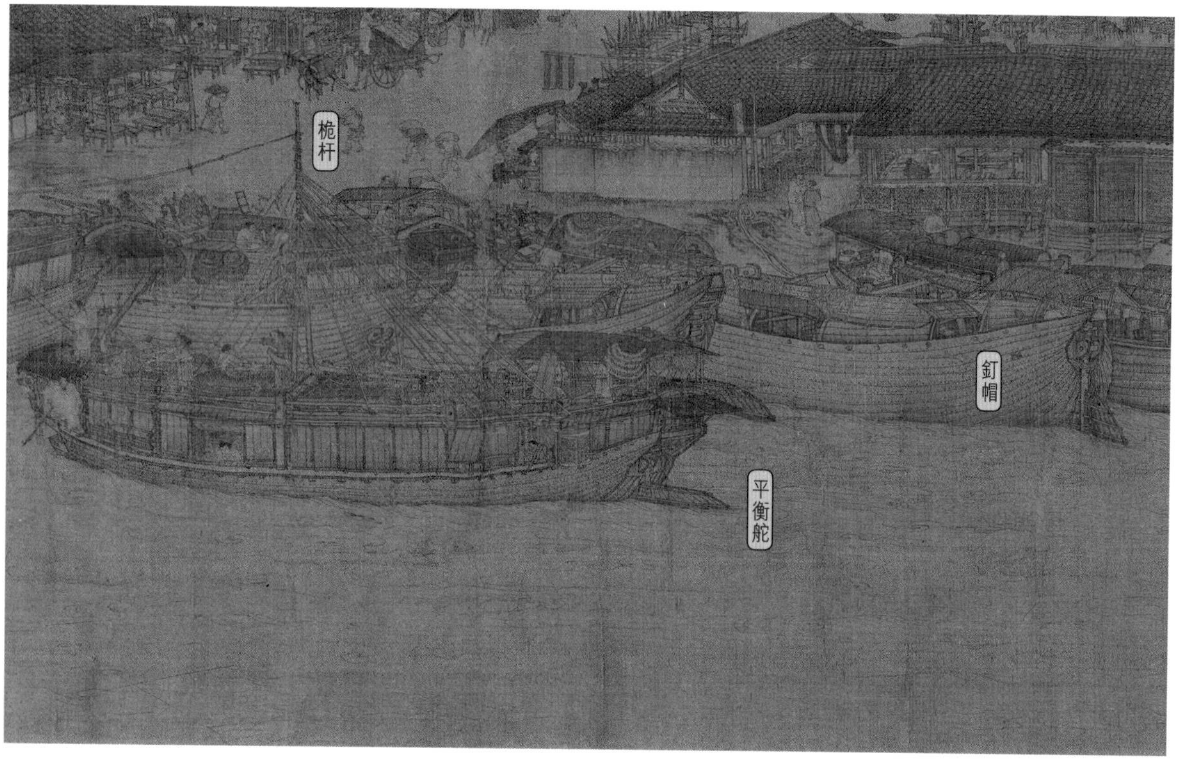

圖中的貨船，在桅杆下使用了轉軸，能調整帆的角度，以迎合風向的變化，最大程度地利用風力。當時外國的船隻使用的是固定的船桅。船尾使用了平衡舵，將部分舵面，分佈在舵柱的前方，以縮短舵壓力中心與舵軸的距離，操作起來更加輕便靈活。西方要到十九世紀才見到使用平衡舵的資料。船身有成排的釘帽顯露在外面，說明造船時使用了「釘接榫合」的技術，當時外國的船隻只是用皮條、繩索捆綁而已。

夢的記載

(宋) 沈括《夢溪筆談》：每發運使入奏，舳艫蔽川，自泗州七日至京。

《續資治通鑑》卷十七，宋太宗淳化四年(993年)：帝謂宰臣曰：「倖門如鼠穴，何可盡塞！但去其甚者斯可矣。近來綱運之上，篙工、楫師有少販鬻，但不妨公，一切不問，冀得官物至京無侵損耳。」呂蒙正對曰：「水至清則無魚，人至察則無徒。小人情偽，君子豈不知，以大度容之，則庶事俱濟。」

喝杯小酒散散心

臨河的一條巷子裏，酒店的綵樓歡門的骨架已經豎立起來，店主正在門首招徠顧客。店內一人正坐在窗戶後面自斟自飲，店門的簷前橫挑的酒旗上書寫有「小酒」二字。根據《宋史．食貨誌》的記載，小酒是從春天到秋天，隨釀隨賣的散酒，由於價錢低，一般老百姓也消費得起，但富貴人家是不屑前往酒店喝這種酒的。

中國長卷畫，用散點透視法，以達到讓觀眾可在畫中遊歷之感。如果以西洋畫的焦點透視法去畫，小酒館的兩塊門板只能看到斜側面，而不像現在可看到整個板面。

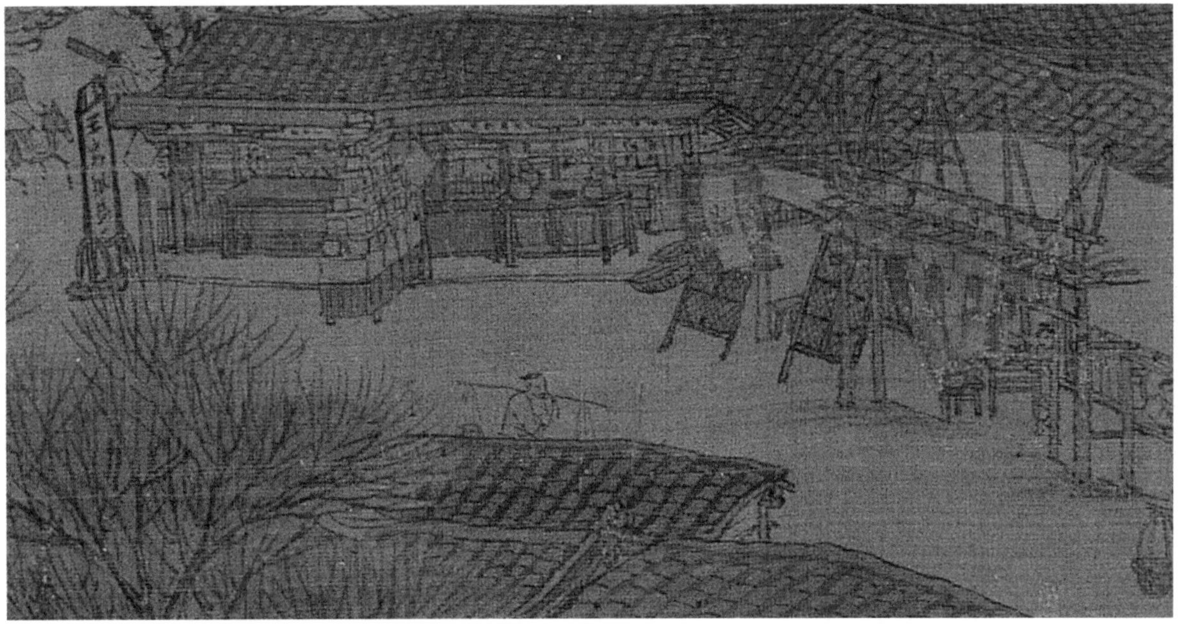

夢的記載

（宋）耐得翁《都城紀勝．酒肆》：散酒店，謂零賣百單四、七十七、五十三、三十八，並折賣外坊酒，門首亦不設油漆杈子，多是竹柵布，謂之「打碗」。遂言一杯也，卻不甚尊重，非高人所往。

（元）脫脫等《宋史．食貨誌》：自春至秋，釀成即鬻，謂之「小酒」，其價錢自五錢至三十錢，有二十六等。

用紙衮疊成樓閣

紙馬舖是專門賣冥器的店舖。圖中的紙馬舖門前豎着的牌子上寫着「王家紙馬」的店招，沿街一個台子上放着紙紮的樓閣。與唐朝人喜歡厚葬不同，宋人更追求現世生活的享受，主張薄葬，官府更明文禁止厚葬，頒行喪葬令，規定棺槨內不得放金銀珠寶，不准用石板作棺槨或建造墓室。隨着薄葬習俗的盛行，宋人多以紙錢、紙冥器代替銅錢和各種貴重的實物冥器，這些葬俗影響至今。由於市場上對紙錢和紙質冥器需求很大，使得專門製作紙質冥器的紙馬舖成為很賺錢的行業。宋朝有些士大夫認為用紙錢代替真的錢幣陪葬，是社會的進步，他們的支援和參與，使得薄葬風氣更為盛行，這也是宋朝墓葬中的器物遠遠少於漢墓和唐墓的原因。

雖然用散點透視法，中國畫也有遠近距離的邏輯，看，王家紙馬舖不是比碼頭邊的建築細小了很多嗎？當然，這邏輯不像焦點透視那麼嚴格和比較準確。

夢的記載

《東京夢華錄》卷七之「清明節」：清明節，尋常京師以冬至後一百五日為大……士庶闐塞，諸門紙馬舖，皆於當街用紙衮疊成樓閣之狀。四野如市，往往就芳樹之下，或園囿之間，羅列杯盤，互相勸酬。

侵街

虹橋上熱鬧非凡，虹橋的南邊更是被各種各樣的小商小販所擠佔，看起來通行都有困難。這就是文獻上所說的「河橋上多開鋪販鬻」，這種侵佔街道橋樑的情況，是地皮緊張、商業繁華的北宋東京城的一大頑疾。在《清明上河圖》中的十字街口、孫羊店門前等地方，張擇端也描繪了類似的場景，可見東京城裏侵街現象頻繁。為了保證正常的交通秩序、市容景觀和維護有效的管理，北宋政府曾經多次整治侵街的現象，建立標誌，不許百姓超越標誌建造房屋、經營攤點，違章建築除了強行撤除外，還要對違反者施行杖刑，按道理，七十下的大杖打下去，受刑者肯定是皮開肉綻的，但就算是這樣，也沒能夠有效地制止侵街現象。究其根源，一是經濟利益的驅動，二是權貴有法不依，在整治侵街的過程中，最難整治的，恰恰就是那些權貴。

夢的記載

《宋會要輯稿·方域》十三，仁宗天聖三年（1025 年）正月：「河橋上多開鋪販鬻，妨礙會填，及人馬車乘往來，兼損壞橋道，望令禁止，違者重置其罪。」從之。是月，詔「在京諸河橋上，不得百姓搭蓋鋪佔欄，有妨車馬過往」。

（宋）竇儀《宋刑統》卷二六：諸侵巷街阡陌者，杖七十。若種植墾食者，笞五十。各令復故。

《續資治通鑑長編》真宗咸平五年（1002 年）二月：京城衢巷狹隘，詔右侍禁、閤門祗侯謝德權督廣之。德權既受詔，先撤貴要邸舍，羣議紛然。有詔止之，德權面請曰：「今沮事者皆權豪輩，吝僦屋資耳，非有它也。臣死不敢奉詔。」上不得已，從之。

宛如飛虹的**無腳橋**

這種狀如彩虹，有利於橋下船隻通行的無柱拱橋，在宋代有「虹橋」、「飛橋」、「無腳橋」等名稱，相傳是宋仁宗明道年間（1032—1033年），山東青州的一個「牢城廢卒」發明的，後來大臣陳希亮在汴河沿線推廣，於是從開封到泗州（位於安徽省，地處淮河下游，汴河之口），「皆為飛橋」。實際上這種橋樑在真宗時代（968—1022年）就有人建議使用了，因為造價高而沒有被官方採納。這樣的無腳橋在東京城內還有兩座，分別被稱為「下土橋」和「上土橋」。這種形式的古橋在今天浙江的泰順等地依然可以見到，但是泰順現存的無腳橋則是清代重建的了。

由橋身的構造，到橋上的熱鬧，再到橋下要在逆水湍急之中穿過橋底那艘驚險萬狀的船隻，故事一個接一個發生，而畫家就像移動鏡頭的攝影師，帶我們由不同的角度去欣賞這橋的上上下下。

（此圖經電腦處理，減去橋中人物以突顯虹橋構造。）

夢的記載

（宋）王辟之《澠水燕談錄》卷八：青州城……每至六七月間，山水暴漲，水與柱鬥，率常壞橋，州以為患。明道中（1032—1033年），夏英公守青，思有以捍之。會得牢城廢卒，有智思，疊巨石固其岸，取大木數十相貫，架為飛橋，無柱。至今五十餘年，橋不壞。慶曆（1041—1048年）中，陳希亮守宿，以汴橋屢壞，率常捐官舟，害人命，乃命法青州所作飛橋。至今沿汴皆飛橋，為往來之利，俗曰虹橋。

《東京夢華錄》卷一之「河道」：汴河……，自東門外七里至西水門外，河上有橋十三，從東水門外七里曰虹橋，其橋無柱，皆以巨木虛架，飾以丹艧，宛如飛虹，其上、下土橋亦如之。

《宋會要輯稿．方域》一三之二一：天禧元年（1017年）正月，罷修汴河無腳橋。初，內殿承制魏化基言：汴水悍激，多因橋柱壞舟，遂獻此橋木式，編木為之，釘貫其中。詔化基與八作司營造。至是，三司度所費工逾三倍，乃請罷之。

我的手筆

汴河寬二十多米，巨石固岸，大木相貫，才能架成飛橋。張擇端把這項宋代偉大建設畫在全畫中心，細細描畫時，是怎樣的心情呢？讓我們也當一次紙上工程師。

我的發現：

新酒不是新的酒

虹橋南縛搭着綵樓歡門的「腳店」上，一杆酒旗高高挑起，上面分明寫着「新酒」，正是這兩個字，成了爭論的焦點。主張「秋景說」的學者認為，「新酒」是一個特有名詞，是指中秋節前後開沽的酒（北宋文獻記載四月初八，南宋文獻記載清明節前後開沽的酒稱為「煮酒」），因此這面旗子，就是秋天的標誌。而主張「春景說」的學者則認為新酒就是新的酒，是一年四季都可以釀造的。其實，在宋代，「新酒」是不能解釋為新的酒的。宋朝酒稅收入很高，如神宗熙寧年間，東京的酒稅收入高達四十萬貫，與同時期的東京商稅年額相等，所以官方對酒麴進行禁榷，對酒的生產也非常重視，在四月初八（北宋文獻）、清明節前後（南宋文獻）和中秋節前後分別開沽「煮酒」和「新酒」，而且開沽「新酒」的時候，還要舉行隆重的迎酒儀式，並動用官妓參與促銷。因為有妓女參與，當時的人有風俗敗壞之歎。

一路走來，我們已見到兩個酒字的招牌，可見當時飲酒的風氣。《清明上河圖》被稱為風俗畫，良有以也。

夢的記載

《東京夢華錄》卷八之「中秋」：中秋節前，諸店皆賣新酒，重新結絡門面綵樓，花頭畫竿，醉仙錦旆。市人爭飲，至午未間，家家無酒，拽下望子。

《都城紀勝．酒肆》：天府諸酒庫，每遇寒食節前開沽煮酒，中秋節前後開沽新酒。各用妓弟，乘騎作三等裝束……前有小女童等，及諸社會，動大樂迎酒樣赴府治，呈作樂，呈伎藝雜劇，三盞退出，於大待諸處迎引歸庫。

斗酒十千恣歡謔

除了「正店」以外，汴京還有多到「不能遍數」，被稱為「腳店」的中、小酒樓。這些「腳店」的數量相當驚人。仁宗天聖五年（一〇二七年），由於白礬樓原來的承包商經營不善，仁宗下詔給有關部門，責令尋找新的承包商，並開出了相當優惠的條件，如果有哪個人願意承包白礬樓，政府就指定三千戶腳店作為白礬樓的主顧，開封城內腳店之多可想而知。虹橋南岸也畫了一家「腳店」，門前有綵樓歡門，中間二層樓房突兀而起，臨街的那間房裏已是客人滿座，觥籌交錯。酒樓門前楞形的裝飾物上，兩面分別寫着「十千」、「腳店」。門兩旁寫有「天之」、「美祿」，側門的橫額上寫着「稚酒」等字樣，許多都是廣告語，比如「十千」，李白的《將進酒》裏就有「陳王昔時宴平樂，斗酒十千恣歡謔。主人何為言少錢，徑須沽取對君酌。五花馬，千金裘，呼兒將出換美酒，與爾同銷萬古愁」的名句。

夢的記載

《東京夢華錄》卷二之「酒樓」：大抵諸酒肆瓦市，不以風雨寒暑，白晝通夜，駢闐如此……在京正店七十二戶，此外不能遍數，其餘皆謂之腳店。

《宋會要輯稿．食貨》二〇：白礬樓酒店如有情願買撲出辦課利，令於在京腳店酒戶內撥定三千戶，每日於本店取酒沽賣。

《東京夢華錄》卷五之「民俗」：其正酒店戶，見腳店三兩次打酒，便敢借與三五百兩銀器。以至貧下人家，就店呼酒，亦用銀器供送。有連夜飲者，次日取之。

民以食為天

飲食業應該是東京最發達的行業了，《東京夢華錄》記載了讓人眼花繚亂卻又有許多今天的人也無法都搞明白的飲食，而文獻裏面關於宋朝人食不厭精的故事就太多了。東西南北的人都匯聚到京城，也把不同的飲食習慣帶了來，為了適應各地的人的口味，東京的飲食業形成了北饌、南食、川飯等不同的飲食流派，食客可以各取所需。比較城裏飲食店的熱鬧，這座汴河邊的小飯舖就顯得冷落多了，房屋還是用簡單的建材搭建起來的，彎曲的大樑和汴河邊的許多房屋一樣，顯得粗糙，好像連個門也沒有，桌子凳子倒是擺了不少，可人卻沒有幾個，一個人好像昏昏欲睡，另一個翹着二郎腿，倒是「偷得浮生半日閒」。

夢的記載

《東京夢華錄》卷四〈食店〉：大凡食店，大者謂之分茶，則有頭羹、石髓羹、白肉胡餅、軟羊、大小骨、角炙犒腰子、石肚羹、入爐羊罨生、軟羊麵、桐皮麵、薑潑刀回刀、冷淘棊子、寄爐麵飯之類。喫全茶，饒虀頭羹。更有川飯店，則有插肉麵、大燠麵、大小抹肉、淘剪燠肉、雜煎事件、生熟燒飯。更有南食店：魚兜子、桐皮熟膾麵、煎魚飯。又有瓠羹店，門前以枋木及花樣沓結縛如山棚，上掛成邊猪羊，相間三二十邊。

（宋）**朱彧《萍洲可談》**：大率南食多鹹，北食多酸，四邊及村落人食甘，中州及城市人食淡。

我的手筆

簡陋的食店也是風俗畫的好對象。這家店的自然材屋樑，兩筆形成兩條彎曲平行線，筆觸頗美。店旁有方棚、圓傘和半面坡房子，與食店是甚麼關係呢？

我的發現：

封君不如

宋代流行陰陽五行推步占卜，所以東京街頭有很多以此為生的人。其從業人數，據王安石的說法，可能有上萬人。有些人還因此成為富有階層，甚至達到「封君不如」的程度。陳鵠《耆舊續聞》中就記述了一個在相國寺設肆的算卦者，他開出的價碼是「一卦萬錢」。奇怪的是，在宋代，占卜不僅運用於日常生活，而且被應用到政治爭權中，士大夫的升降，也要求之於術士，以致術士竟然說出「士大夫窮達，在我可否之間」的話。「道君皇帝」宋徽宗更對他寵信的道士林靈素說：「朕諸事一聽卿」。

這個算命場景，佈局恰到好處：在幾棵樹之間的竹棚下，一個男顧客正在占卜；棚架旁另有三人似在輪候，也似細聽占卜者說甚麼；在右側的樹下，另一男子好奇地看着。沒有了棚架旁這些人，故事就單調多了，表現力也隨之減弱。更有趣的是，這位算命的竟然被安排在一處官衙建築的旁邊。

夢的記載

（宋）王安石《王文公文集》卷三十二〈汴説〉：若考步人生辰星宿所次，訾相人儀狀色理，逆斥人禍福，考信於聖人無有也，不知從何許人傳。宗其説者，澶漫四出，抵今為尤蕃，舉天下而籍之，以是自名者，蓋數萬不啻，而汴不與焉。舉汴而籍之，蓋亦以萬計。予嘗視汴之術士，善挾奇而以動人者，大抵宮廬、服輿、食飲之華，封君不如也。

（宋）周輝《清波雜誌》卷三：政和、宣和間，除擢侍從以上，皆先命日者（卜卦者）推步其五行休咎，然後出命，故一時術者謂士大夫窮達，在我可否之間。朝士例許於通衢下馬從醫卜，因是此輩益得以憑依。

以扇遮面，則其兩便

扇子在《清明上河圖》的季節之爭中，是個焦點。扇子一般都是拿來熱天扇涼的，所以，主張秋景說的認為畫面中反映的是還帶有幾分秋老虎的餘熱的時光。不過扇子也可以用來顯示風度或者職業，像諸葛亮就喜歡「羽扇綸巾」，現在的圍棋國手不管寒暑，比賽的時候都喜歡拿把扇子。北宋的扇子還可以當作「便面」來用。如果碰到熟人不願寒暄，就以扇子障面，對方不以為怪，反而認為這是禮貌之舉。故曰：「以扇遮面，則其兩便。」另外，東京城裏還流行用扇子進行小的賭博（當時稱為蒲博或寫作撲博），尤其是在寒食節的時候，這是因為夏天就要來臨了。

畫卷內有幾百個人物，拿着扇子的也有好幾個，但每個人物的面貌、衣着、姿態都有差別。這裏就有一個騎馬，戴着大帽，手握扇子，樣子斯文，後有挑夫侍候的人。

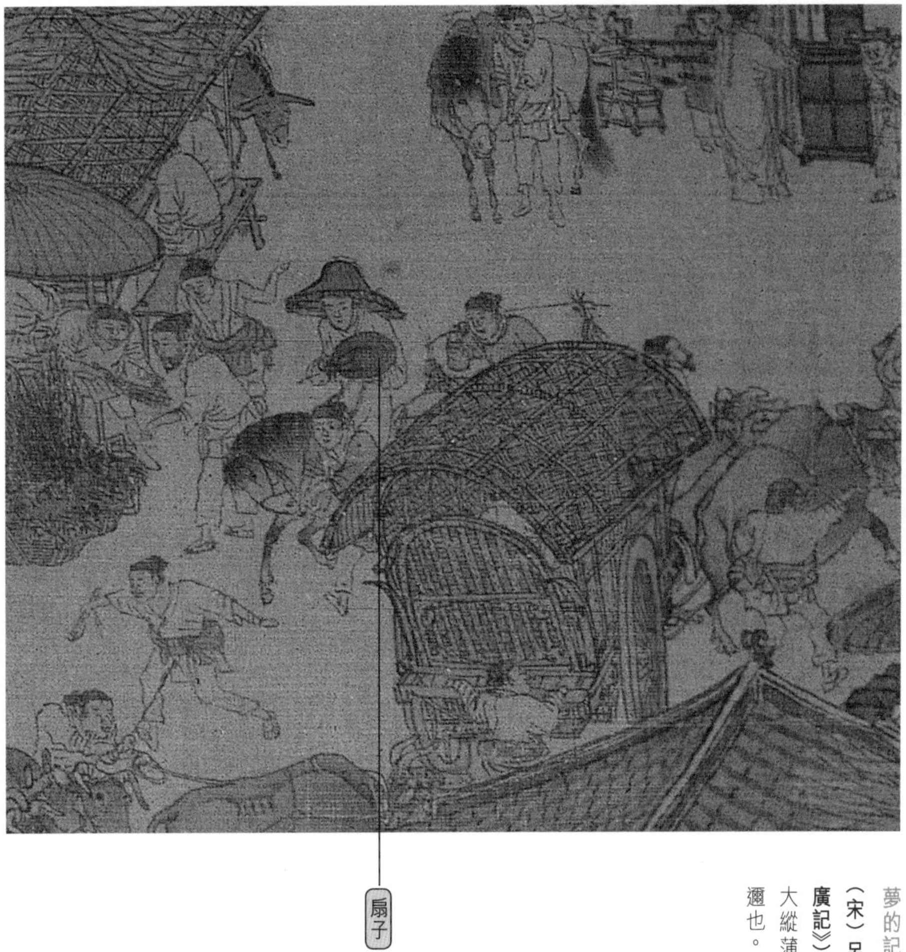

夢的記載

（宋）呂原明《歲時雜記》（據陳元靚《歲時廣記》卷十六〈蒲博戲〉引文：都城寒食，大縱蒲博，而博扇子者最多，以夏之甚邇也。

現在佛不拜過去佛

這處寺院座北朝南，周圍比較清淨。正中的主門和兩側的脅門都做成門屋的形式，施斗拱，按照宋代的規定，這肯定是等級較高的建築群。主門面闊三間，兩次間施杈子，杈子裏有力士或天王的塑像。畫家很聰明，在這不大的建築物門前畫一個披袈裟的僧人，表明了這處建築的身份。正門的簷下似有匾額，說明這座寺院是受到國家認可的有額寺院。

宋朝的佛教不如唐朝時蓬勃，為了尋求皇權的庇護，宋朝的僧人極力向最高統治者靠攏，把當朝皇帝奉為「現在佛」。不過，宋朝也是佛教進一步中國化的時期，繼續跟中國的儒學和道教融合，士大夫和高僧「援儒入佛」或「援佛入儒」的情況日益普遍，促成了「三教合一」的現象。

宋朝佛教的另一個傾向是越來越趨向世俗化，糅雜了很多民間信仰的元素和世俗觀念。比如宋朝興起的水陸法會，又稱「水陸道場」，是一種盛大的佛教儀式。舉行水陸法會的時候，殿堂上要懸掛「水陸畫」，水陸畫包羅了儒家、佛教和道教的神仙人物和內容，既是三教合一思想的具體表現，也是宗教日益世俗化的反映。佛教的世俗化在當時出現了許多怪現象，例如經常出賣「空名度牒」，便宜的二十至三十貫，貴的高達八百至九百貫，甚至連象徵僧人崇高地位的「紫衣」和「師號」，也可以出售。度牒竟像貨幣一樣，可以在市場上流通。

夢的記載

（宋）歐陽修《歸田錄》卷一：太祖皇帝初幸相國寺，至佛前燒香，問當拜與不拜。僧錄贊寧奏曰：不拜。問其何故？曰：見（現）在佛不拜過去佛。

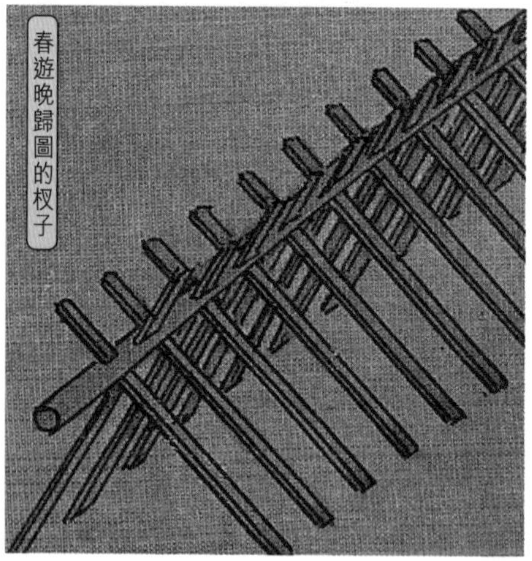
春遊晚歸圖的杈子

是西瓜還是大餅？

攤販的桌子上擺放着一個個圓形的貨品，上面有不少黑點，究竟是甚麼東西？有的人說是西瓜。古代和現代不同，現在一年四季都可以吃到西瓜，可是在北宋的開封，清明節西瓜是不會上市的，這樣一來，主張「秋景說」的就把這些圓形的傢伙作為《清明上河圖》描繪的是秋天景色的主要證據。但是，西瓜哪有全部都切開了賣的呢？要不這些黑色的點點，表現的是西瓜皮的花紋？但是，主張春景說的，說西瓜是遼朝的契丹人先種植的，南宋的大詩人范成大在1170年8月從南宋出使金國，路過開封的時候看到了西瓜，北宋的時候開封還沒有西瓜呢！這些圓圓的東西不是西瓜，是大餅。東京城裏賣大餅的店鋪可多的是。但是，要是說賣的是大餅的話也有問題，有誰見過大餅一個個豎着賣的？

這傘下穿着吊帶褲的小販正向路人推銷，貨品前一個拿扇子、衣着整齊的男子，被匆匆走過的人吸引了注意力，連面前的車子也沒留意。這些都顯示畫家對生活的觀察細緻，並能真實自然地表現出來。

圓形商品

夢的記載

（宋）范成大《石湖詩集》卷十二〈西瓜園〉：碧蔓凌霜臥軟沙，年來處處食西瓜。形模護落淡如水，未可葡萄苜蓿誇」。自註：「西瓜本燕北種，今河南（黃河以南——引者）皆種之。」

和**諸葛亮**有關嗎？

交通運輸是商業發展的基本條件。要想富，先修路。宋朝經濟的進步，實有賴於運輸系統的發展。宋朝建設了完善的全國水、陸交通網絡，而且十分注意道路的保養及安全，官道兩旁都栽種了樹木，並設有排水渠。宋朝的陸上交通工具並沒有太大的進步，仍是依靠畜力、車輛，甚至人力挑夫。由於宋朝喪失甘肅等主要產馬區，馬匹供應緊張，在《清明上河圖》裏見到乘馬的人就很少。車輛方面，當時的大車可載重四五千斤，需用十多匹牲畜牽引。

《清明上河圖》畫了各式各樣的運輸工具，其中車就有好多種。有箱無蓋的太平車是用來運貨的，記載說用二十多頭騾或驢牽引。據《東京夢華錄》記載，太平車的車後也有驢、騾，遇到險峻的下坡路時，車後的驢、騾能倒拉車子，使車子能緩緩下坡。二牛駕轅的用木條造框架的棚型大蓋車，可能是富貴人家乘坐的車，日本僧人成尋說很像當時日本的一種車。比較奇怪的是獨輪車，車的前後有兩人駕把，車前還有一驢牽引。宋朝人認為獨輪車和諸葛亮用於棧道的木牛流馬有關係。

夢的記載

（宋）高承《事物紀原》卷八〈小車〉：蜀相諸葛亮之出征，始造木牛流馬以運餉，蓋巴蜀道阻，便於登陟故耳。木牛即今小車之有前轅者；流馬即今獨推者。

《東京夢華錄》卷三之「般載雜賣」：東京般載車，大者曰太平，上有箱無蓋，箱如构欄而平，板壁前出兩木，長二三尺許，駕車人在中間，兩手扶捉鞭綏駕之，前列騾或驢二十餘，前後作兩行；或牛五七頭拽之。車兩輪與箱齊，後有兩斜木脚拖；夜中間懸一鐵鈴，行即有聲，使遠來者相避。仍於車後繫驢騾二頭，遇下峻險橋路，以鞭謕之，使倒坐綞車，令緩行也。可載數十石。官中車惟驢差小耳。其次有平頭車，亦如太平車而小，兩輪前出長木作轅，木梢橫一木，以獨牛在轅內項負橫木，人在一邊，以手牽牛鼻繩駕之，酒正店多以此載酒梢桶矣。梢桶如長水桶，面安靨口，每梢三斗許，一貫五百文。又有宅眷坐車子，與平頭車大抵相似，但欑作蓋，及前後有构欄門，垂簾。又有獨輪車，前後二人把駕，兩旁兩人扶拐，前有驢拽，謂之串車，以不用耳子轉輪也。般載竹木瓦石。但無前轅，止一人或兩人推之。此車往往賣糕及餻糜之類，人用不中載物也。

我的手筆

獨輪車容易傾覆，但好處是非常輕巧，行於崎嶇小路和山巒丘陵尤其便利。獨輪車的車轅長短、支桿高低等結構，都可因人和隨地而異，十分靈活。你也來畫一畫，領略一下獨輪車的輕巧吧。

我的發現：

乞丐亦有規格

《清明上河圖》一般都被認為是描繪東京市井繁華的，但是，也正是在這一片繁華的景象裏，張擇端給安排了一老一少兩個乞丐。鼓樓外的街道中央坐着一個殘疾乞丐，看來年事已高，衣着卻還算整齊。一些學者認為這是一個賣東西的小商販，但是仔細看周圍的行人，雖然有憐憫的目光看着他，但或行色匆匆，或駐足而觀，並不靠近。離他不遠的小橋上，一個年少的乞丐正伸手向橋欄杆邊的人行乞。圖中所見，小乞丐和他乞討的兩個男人，以及老乞丐四周的人物，彼此間在表情、姿態等是有呼應的。

宋徽宗的時候大搞「豐亨豫大」，但是表面的浮華掩蓋不了百姓苦難的真相。僅在宣和二年（1120年），開封府一次賑濟東京的貧民乞丐就達兩萬兩千人之多。開封城內的乞丐相當多，每遇大寒，他們會被強制性地「拘收」在福田院，立春之後才能離開。有一個雜劇演員借給宋徽宗演戲的機會，向宋徽宗直言「只是百姓一般受無量苦！」宋徽宗對此也只能惻然長思，而沒有加以問罪。王安石變法的時候，一個守城門的官吏向宋神宗獻了一幅「流民圖」，看得宋神宗淚流滿面。這真是興，百姓苦；亡，百姓苦。興亡百姓都苦。張擇端是翰林畫院的畫家，他畫畫是獻給皇帝的。但是，他也把看到的流離失所的乞丐畫下來。

夢的記載

《東京夢華錄》卷五之「民俗」：至於乞丐者，亦有規格。稍似懈怠，眾所不容。其士農工商，諸行百戶，衣裝各有本色，不敢越外。

（宋）洪邁《夷堅誌》丁集卷四：其人瞑目不應，陽若惻悚然。促之再三，乃蹙頞答曰：「只是百姓一般受無量苦。」徽宗為惻然長思，弗以為罪。

這是一座**城樓**嗎？

這是一個讓研究者爭論不休的畫面。首先是假如是城門樓的話，它是東京的哪一座城門樓？順着「上河」的思路走，有的人認為這是外城東南的城門上善門。外城是東京的主要防禦屏障，防衛森嚴，記載得較多，東京的外城都是有甕城的，這門樓和外城城門的文獻對照不起來。所以，又有人認為是內城東南那座鄰近汴河的城門－麗景門（又稱為「宋門」）。可是，按照張擇端的描繪，汴河早在這座門樓之前已拐彎而去。

爭論的另一個焦點就是它是不是城樓。當年日本僧人成尋不遠萬里來到中國，去五台山朝聖，途經東京的時候，看到汴河北岸的麗景門城樓高大雄偉，印象特別深刻，於是在他的《參天台五台山記》裏特地記了一筆。麗景門是七開間的，而畫上這樓為五開間三進，屋頂為有四條斜脊的廡殿頂。多重碩大的斗拱將屋檐外挑，使整個屋頂有大鵬展翅的動感。廡殿頂和多重懸挑的斗拱顯示這座建築有相當高的等級。樓內明顯可見一個鼓架，上面安置了一個大鼓。還有一個向下俯瞰的人，使整座樓添加了趣味和生氣。不過，說是城樓，也有些疑問。比如，城門前的小河，那就應該是護城河了吧？可是按照橋上的小柱子和站在那裏不知道往水裏究竟在看甚麼的人來計算，這條護城河也就七米左右寬，作為護城河也太窄了點吧？畫上小河在樓的上方明顯向東西兩個方向

夢的記載

（宋）宋敏求《春明退朝錄》卷上：京師街衢置鼓於小樓之上，以警昏曉。太宗時命張公洎制坊名，列牌於樓上。按唐馬周始建議置冬冬鼓，惟兩京有之，後北都亦有冬冬鼓，是則京都之制也。二紀以來，不聞街鼓之聲，金吾之職廢矣。

分岔，樓北到小河邊的空間，築了一道土牆，土牆上還開了門，門前有個人坐在矮凳上。城門附近防衛是很嚴格的，不應該出現這些矮小的土牆。再說，城門應該有馬道，可是馬道不會和上樓的階梯直對着。還有就是樓的下方畫面上被認為是土城牆的部分，長了幾棵不小的樹。過去的城牆都是夯土築造的，夯土是一層層夯打結實的，樹木很難紮根長大。傳說東京修外城的時候還曾經到西邊鄭州一帶去取土，以保證城牆質量，即使是內城的城牆，不是北宋東京主要的防護屏障了，但政府也不至於讓樹木在城牆上長這麼大吧！所以，也有人認為這是一座坊中的鼓樓，或者是東京城裏一座其他的過街樓。

無論有多少爭論，這座樓也反映了宋代建築的高水平，也再次看到畫家一絲不苟的精神反映在這座雄偉的建築上。中國畫有專門繪畫樓閣建築的，稱為界畫，雖然有界尺輔助，但也考驗畫家的功力。張擇端在城內城外以界畫技巧畫了很多出色的建築物。

我的手筆

宋代的界畫有很高水平。這座出簷深遠，四條斜脊曲線優美的建築，哪些線條用界尺，哪些考線描能力？張擇端畫起界畫來，會不會更像一個建築師？

我的發現：

專攻刀鑷的手作人

理髮匠在宋代稱為刀鑷工。城樓南側緊靠西牆腳下有一臨時搭建的方形涼棚，涼棚下理髮的人臉稍側，雙眼微閉，刀鑷工左手扶着客人的下巴，右手拿着剃鬚刀為他刮面美容。理髮匠地位低微，理髮是其看家吃飯的一技所長，但是，在宋朝還有一些理髮匠由於職業的原因，可以走街串巷，甚至可以深入豪門，所以又擔當起插花掛畫，甚至說合交易等事情。

刀鑷工

夢的記載

（宋）吳自牧《夢粱錄》：又有一等手作人，專攻刀鑷，出入宅院，趨奉郎君子弟，專為幹當雜事，插花掛畫，說合交易，幫涉妄作，謂之「涉兒」，蓋取過水之意。

我的手筆

我們的視點由高遠的角度變成平視，因此見到大城中很多小景。這個小景，生趣盎然。試用簡練的筆觸，畫出活生生的人物。

我的發現：

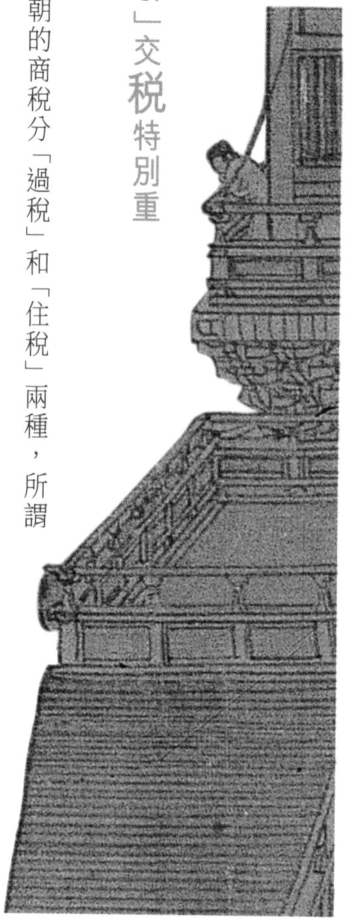

「無引」交稅特別重

宋朝的商稅分「過稅」和「住稅」兩種，所謂「過稅」就是流通稅，是商人把貨物帶到其他地方販賣時，經過關卡所納的稅。圖中所見的畫面，不少學者都認為應該是開封當時的一個稅收機構。東京的商稅徵收，歸都商稅院統一管理，它「掌京城商賈、廊店、市收」。由於京城貨物的流通量特別大，稅務繁忙，所以朝廷將商人按貨物資本分成大賈和小賈兩等，「小賈即門徵之，大賈則輸於務」。

簡樸的房屋內，中間坐着的應是稅官，他面前鋪着的紙卷有可能是「引子」。「引子」就是通行的證明，商人販運貨物，由出發地點的稅務機關把物品名類、等級、數量、應稅和減免以及到甚麼地方貨賣等寫在「引子」上。持有「引子」，就是持有合法的證明，一旦被查出無引，交稅時稅率就特別重了。稅官身後牆壁上，隱約地寫滿了文字，稅官右手邊的房屋空着，放有一個木架和大砣，應該是一個架秤。

夢的記載

《宋會要輯稿．職官》二七之三五：太宗至道元年（995年）：「詔都商稅院，每旅客將雜物香藥執地頭引者，不問一年上下，只作有引，稅二十錢。無引者，稅七十五錢，仍毀引，隨帳送勾」。

《續資治通鑑長編》二百四十八，神宗熙寧六年（1073年）十二月：詔京外城二十門監門，自今更不管認課利，但隨閑要以透漏捕獲出入商稅錢數，立為賞罰，凡五等。

我的手筆

房屋前貨物堆積，那個拿紙筆的人應是稅吏，正在登記客商的貨物。他對面那人應是貨主，正手指貨物並與他說話，兩人似乎在爭吵，所以周圍的人都望着他們，包括樓上那個值班的人也探出頭來張望。由表情、動作的描寫，表現了人物之間的張力。

我的發現：

諸道輻輳蹄踵交道

看《清明上河圖》的人，太被畫的名稱吸引了，加上汴河上逆水行舟的船隻也實在畫得精彩，所以都不注意東京的陸路交通了。其實，東京是「地平四出，諸道輻輳」之地，沒有天險可以憑依，建都開封，看中的就是它的水陸交通。每天從陸路進入開封的各種物資數量龐大，僅生豬一項，每天從南薰門進來的就不止幾萬頭。而前來汴梁做買賣的，不僅僅是國內的商人，還不乏境外的客商。許多商人還打着使臣的名義，名曰朝貢，實則經商。他們沿途收買貨品，到達京城後就出售，甚至還和經常接觸的宋朝「通事」、「殿侍」等官吏「私相貿易」。

從西北方來的外國人，經常都是趕着駱駝隊而來的。根據史書的記載，終宋一代，阿拉伯的使者來中國共計二十六次，「其中商人冒托國使者，不在少數。」甚至還有遠道通過海上顛簸前來的商人。這種情況早在唐朝就有了，唐朝有個進士崔樞，在汴梁與一個「海賈」同住半年，海賈得病，臨終送了崔樞一顆珠子，說光是這顆珠子就價值萬緡。

北宋的山水、花鳥、人物、動物、界畫及風俗畫都達到很高成就，每一範疇都有傑出的畫家。張擇端在各畫科都有一定的水平，是這樣的自信，令他敢寫下如此生動真實的長卷。畫裏的動物包括牛、馬、驢、騾，以及遠方客商的駱駝，活現眼前。

夢的記載

（宋）秦觀《淮海集》卷十三，〈安都〉條：
開封地平四出，諸道輻輳，南與楚境，西與韓境，北與趙境，東與齊境，無名山大川之限，而汴、蔡諸水參貫，巾車錯轂，蹄踵交道，舳艫銜尾，千里不絕，四通五達之郊也。

《東京夢華錄》卷二之「朱雀門外街巷」：南去即南薰門。其門……民間所宰豬，須從此入京，每日至晚，每群萬數，止十數人驅逐，無有亂行者。

《東京夢華錄》卷六之「元旦朝會」：回紇皆長髯高鼻，以疋帛纏頭，散披其服。于闐皆小金花氈笠、金絲戰袍、束帶，並妻男同來，乘駱駝氈兜銅鐸入貢。

（宋）王讜《唐語林》：崔樞應進士，客居汴半歲，與海賈同止。其人得疾既篤……曰：「某有一珠，價萬緡，得之能蹈火赴水，實至寶也。敢以奉君。」

運斤之藝

城市取消了坊市制和夜禁之後，城內街道兩旁，邸店、酒樓和商店大量出現，因應這工商業的新發展，勢必出現新的住居形式，就是「前店後寢」的住宅格局，即前面為面向大街的店舖，後面為住宅。《清明上河圖》裏有兩處木器作坊，這家與孫家正店毗鄰的木工作坊，牆上掛着一張弓，還有光着膀子試弓的人。可是要說這是一家賣弓的店吧，店的前半部分卻放了許多大木桶，這些木桶和左下方「久住王員外家」門前的一輛車上的木桶相似。

在汴河拐彎處的木工作坊，店前的地上放着一個正在加工的車輪，一個木匠正在運斤成風，我們可以辨認出大鋸、鑿子、斧子、墨斗等工具。大鋸的出現使製材技術，尤其是板材加工技術大有進步。木工加工技術的進步使宋朝的建築和家具都進步了許多。但是，《清明上河圖》上還沒有看到台刨，而是平木刮或者鏟子式的工具。東京的手工藝門類相當多，其中木工是一大類，他們又被稱為手民、手貨。手工藝人通常組成行會，同一行當往往成片分佈。

畫中店子很多，有些要用招牌或廣告來說明它的類型，有些則只要畫出一些內容，我們就明白了，如木作坊就是一例。如果長卷中各店都有招牌廣告的話，觀者會眼花繚亂，現在就恰到好處。

夢的記載

（宋）陶穀《清異錄》卷上：木匠總號運斤之藝，又曰手民、手貨。

《東京夢華錄》卷二之「酒樓」：北去楊樓以北穿馬行街，東西兩巷謂之大小貨行，皆工作伎巧所居。

《都城紀勝．諸行》：市肆謂之「行」者，因官府科索而得此名，不以其物小大，但合充用者，皆置為行，雖醫卜亦有職。醫克擇之差，占則與市肆當行同也。內亦有不當行而借名之者，如酒行、食飯行是也。又有名為「團」者，如城南之花團，泥路之青果團，江下之鯗團，後市街之柑子團是也。其他工伎之人，或名為「作」，如篦刃作、腰帶作、金銀鍍作、鈒作是也。又有異名者，如七寶謂之「骨董行」，浴堂謂之「香水行」是也。

飲徒常千餘人

孫家正店樓高三層，門前縛紮綵樓歡門。店前人來車往，熙熙攘攘，後院的一角堆滿了酒缸。

汴京有一百幾十個行業，其中以酒樓和各種飲食店為盛。《東京夢華錄》中提到的一百多家店舖，酒樓和飲食店佔了半數以上，這可真是民以食為天了。那些豪華的酒店被稱為「正店」，汴京城內共有七十二家「正店」，最著名的莫過於「白礬樓」（後改名為「豐樂樓」）了。宋徽宗宣和年間，「白礬樓」是五座用飛橋欄檻連接，明暗相通的龐大建築群，高處甚至可以窺視宮城。這裏經常聚集上千名食客，花天酒地，引得宋徽宗也微服私訪，在這裏和名妓李師師發生了一段風流韻事。

為了招徠顧客，東京城裏的酒店和邸店建築和一般民居有比較大的差別，比如可以在外檐柱子上使用斗拱，還可以在室內使用裝飾紋樣的天花。另外過去官府為了阻擋人馬而使用的杈子，現在茶肆酒樓也可以使用了。而搭建「歡門綵樓」，更是酒樓的標誌。

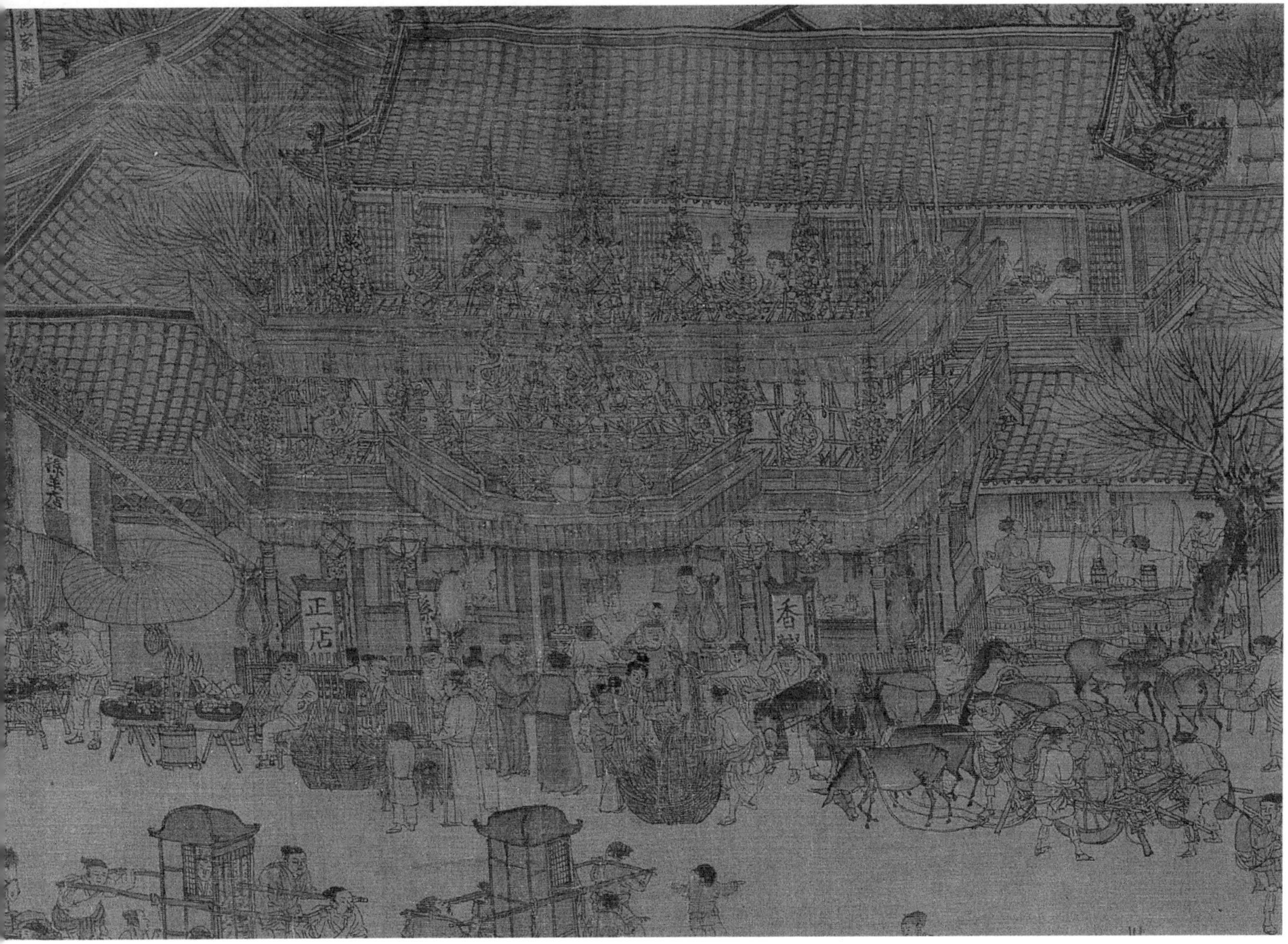

夢的記載

《東京夢華錄》卷二之「酒樓」：凡京師酒店門首，皆縛綵樓歡門，唯任店入其門，一直主廊約百餘步，南北天井兩廊皆小閣子，向晚燈燭熒煌，上下相照，濃妝妓女數百，聚於主廊槏面上，以待酒客呼喚，望之宛若神仙……白礬樓，後改為豐樂樓，宣和間更修三層相高。五樓相向，各有飛橋欄檻，明暗相通，珠簾繡額，燈燭晃耀。初開數日，每先到者賞金旗，過一兩夜則已。元夜則每一瓦隴中，皆置蓮燈一盞。內西樓後來禁人登眺，以第一層下視禁中。

（宋）周密《齊東野語》卷十一（白礬樓）：乃京師酒肆之甲，飲徒常千餘人。

《續資治通鑑長編》卷一百一十九，景祐三年八月己酉：天下士庶之家，屋宇非邸店、樓閣臨街市，毋得為四鋪作及斗八。（鋪作就是斗拱，四鋪作是只有一層懸挑的簡單的斗拱；斗八是在天花板上形狀像覆斗形的裝飾，是藻井的一種形式。）

貼金紅紗梔子燈

梔子燈乃因外形與梔子（一種花卉）的果實相似而得名。它本來是五代時期一個皇帝出來遊幸汴京一家著名的酒樓時，酒家用來作裝飾用的，不知道到了宋朝怎麼會成了酒店有妓女賣歡的標誌。東京妓院之多，令人吃驚。孟元老大概長於此道，《東京夢華錄》裏就記載了許多妓院。既然這樣明目張膽，也就是得到政府的允許了，政府為牟取更多酒稅，而不擇手段以酒色相加。王安石變法的時候，也借妓女來招徠顧客，美其名曰「設法賣酒」，從而增加稅收，引起許多人的反感。

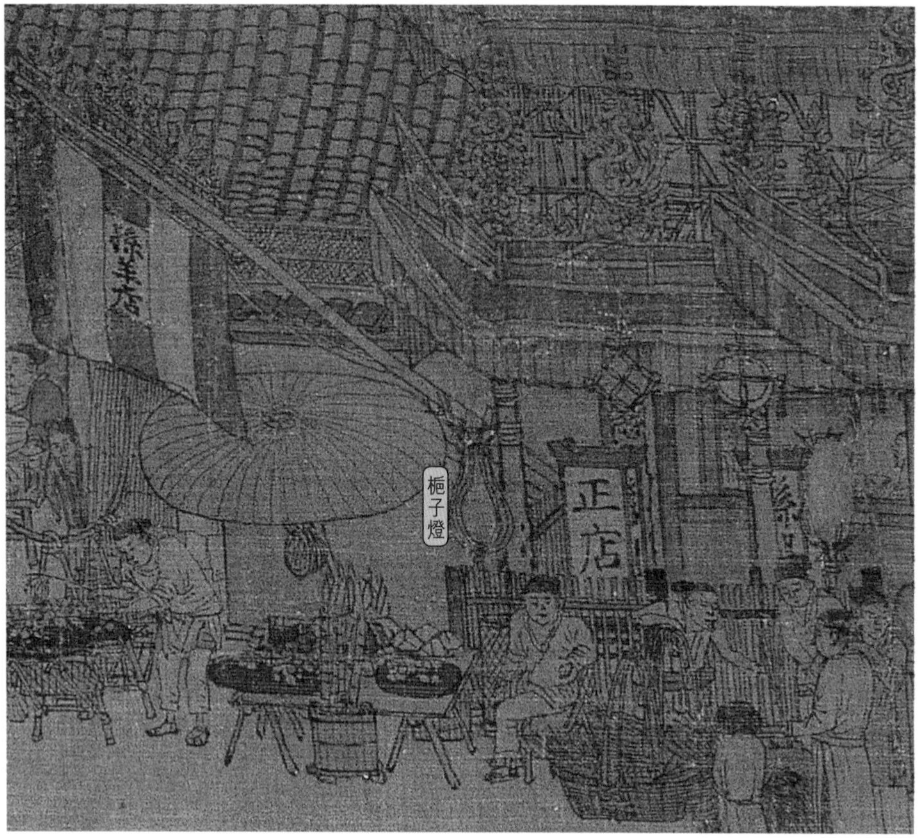

夢的記載

《都城紀勝．酒肆》：庵酒店，謂有娼妓在內，可以就歡，而於酒閣內暗藏臥床也。門首梔子燈上，不以晴雨，必用箬䕩之，以為記認……酒家事物，門設紅杈子緋綠簾，貼金紅紗梔子燈之類。舊傳因五代郭高祖遊幸汴京潘樓，至今成俗。

（宋）王林《燕翼詒謀錄》卷三：新法（王安石變法）即行，悉歸於公，上散青苗錢於設廳，而置酒肆於譙門。持民錢而出者，誘之使飲，十費二三矣。又恐其不顧也，則命娼女坐肆作樂以蠱惑之……名曰「設法賣酒」……今官賣酒用妓樂如故，無復彈壓之制……

《清波雜誌》卷六：榷酤創始於漢，至今賴以佐國用，群飲者惟恐其飲者不多而課不羨也。為民之蠹，大決於古！……州縣刑獄與夫淫亂殺傷，皆因酒所致，甚至設法集妓女以誘其來，尤為害教。

說話場面

城市和城鎮不斷發展，出現了廣泛的市民階層，相應地，出現了世俗普及化的文學藝術。

在宋朝城鎮的娛樂場所，出現了很多切合市民階層口味的表演藝術，如說書、戲曲等。「說書」或「說話」就是講故事，講者稱為「說話人」或「說書人」。他們說書可以依據「話本」，以通俗直白的話語寫成，題材受市民歡迎，故事曲折而引人入勝。

從內容來說，「說話」分為「小說」、「講史」、「說經」和「說渾話」四類。「小說」興起於北宋中期，以愛情和公案傳奇為主，很受大眾喜愛，並對後世的文學和戲曲影響甚大。「講史」是講歷史故事。「講經」即講佛教的因果報應等故事，勸人積德行善。「說渾話」則是諷刺幽默的小品。

在《清明上河圖》裏，就描繪了一個說書的場景。聽書人中，男女老少都有，有小孩騎在大人肩上，聽得津津有味，也有小孩扭身想去玩耍而給大人拉着……很生動吧？人物衣服的縐褶，線條流利，人的形體也因此約隱約現。而聽說書的人中，還有僧人和道士。佛教和道教在宋朝日益走向民間，參與了社會生活的諸多方面，但宗教的純潔性也因此受到削弱。

夢的記載

《東京夢華錄》卷二之〈東角樓街巷〉：街南桑家瓦子，近北則中瓦，次裏瓦。其中大小勾欄五十餘座。內中瓦子、蓮花棚、牡丹棚、裏瓦子夜叉棚、象棚最大，可容數千人……瓦中多有貨藥、賣卦、喝故衣、探搏飲食、剃剪紙畫令曲之類。終日居此，不覺抵暮。

《東京夢華錄》卷五之〈京瓦伎藝〉：崇觀以來，在京瓦肆伎藝：張廷叟孟子書。主張。小唱：李師師、徐婆惜……其餘不可勝數。不以風雨寒暑。諸棚看人，日日如是。

《東京夢華錄》卷四之〈修整雜貨及齋僧請道〉：儻欲修整屋宇，泥補牆壁，生辰忌日，欲設齋僧尼道士，即早辰橋市街巷口皆有木竹匠人，謂之雜貨工匠，以至雜作人夫，道士僧人，羅立會聚，候人請喚，謂之羅齋。

邸店羅列

《清明上河圖》中畫了兩處邸店，一處有「久住王員外家」的招牌，另一處在王員外家東邊，上面「久住」兩個字有點模糊，但「曹二」兩個字清晰可見。邸店在東晉南朝的時候已經有，邸店中既可堆積商品，又可招待客商住宿，很多買賣也在這裏說合。唐代後期以來，中國的經濟重心南移，許多日常必需品須通過陸路或者漕運北運，因而邸店日多。為了增加政府收入，連皇帝也默許大臣興辦邸店。東京外城舊宋門內臨着汴河的十三間樓，就是周世宗時負責疏導汴河的大臣周景所造，這座邸店為周景帶來豐厚的利潤。汴梁城裏經營邸店而發財致富的官吏遠不止周景一個，北宋政府也因此專門設立了「樓店務」等機構，稅收專門供皇家「脂澤之用」。

夢的記載

（宋）薛居正《舊五代史．趙在禮傳》：在禮歷十餘鎮，善治生殖貨，積財巨萬。兩京及所莅藩鎮，皆邸店羅列。

《續資治通鑑長編》卷三〇，端拱二年（989年）：「國初有樓店務，太平興國中，改為左右廂店宅務，是歲並為都店宅務，以所收錢供禁中脂澤之用，日百千，明年復為兩廂，尋又並之，仍號左右廂店宅務。」

（宋）文瑩《玉壺清話》卷三：周世宗顯德中，遣周景大浚汴口，又自鄭州導郭西濠達中牟。景心知汴口既浚，舟楫無壅，將有淮浙巨商貿糧斛賈萬貨臨汴，無委泊之地。諷世宗乞令許京城民環汴栽榆柳，起台榭，以為都會之壯。世宗許之。景率先應詔，踞汴流中要，起巨樓十三間。方運斤，世宗輦輅過，因問之，知景所造，頗喜賜酒，犒其工，不悟其規利也。景後邀鉅貨于樓，山積波委，歲入數萬計。今樓尚存。

唯才是舉

在「久住王員外家」邸店裏，一個來自遠方應舉的讀書人正在苦讀。宋朝大開科舉考試之途，士農工商各階層都可以通過科舉博取功名。宋太祖立國後，為了避免北宋成為五代之後第六個短命王朝，積極推行「重文輕武」政策，防止軍人奪權或割據。行伍出身的宋太祖有個很奇特的邏輯，他認為文官縱使犯法，最多不過是貪污舞弊，為禍遠不及謀朝奪位的武人嚴重。「重文輕武」政策，使社會上形成了讀書求取功名的風尚。宋朝的蒙學課本《神童詩》也說：「天子重賢豪，文章教爾曹，萬般皆下品，唯有讀書高」。

宋朝科舉「求之不難，而得之甚樂」，大家都希望經歷十年寒窗而獲取終身的榮華富貴。兩宋三百年間，共取士約十一萬人。宋真宗景德三年（1006年），一榜取士達三千多人，創歷史最高記錄。科舉幾乎是宋朝入仕的唯一途徑，使「一決於文字而已」的科舉考試，吸引大量的參加者。宋朝的科舉考試也比較公正，不重視家世和鄉貫，因而吸引了佔人口大多數的鄉戶，使他們有機會「崛起於寒微」，所以每逢科舉考試，東京城裏就住滿了各地進京趕考的人。

夢的記載

《東京夢華錄》卷三之「大內前州橋東街巷」：臨汴河大街……街西保康門瓦子，東去沿城皆客店，南方官員商賈兵級皆於此安泊。

（宋）歐陽修《歐陽修全集．奏議集》卷十七〈論逐路取人箚子〉：王者無外，天下一家，故不問東西南北之人，盡聚諸路貢士，混合為一，而唯才是舉。

惟香之為利博

鬧市裏畫了一家香藥舖，店舖的廣告寫着「劉家上色沉檀揀香」，大概是上等的香料價格太昂貴吧，所以劉家店舖雖然店面比較豪華，但是顯然顧客不多。宋代傳統的陸上絲綢之路被金、西夏等國所阻隔，對外貿易只好集中在東南沿海進行。當時跟宋朝通商的海外國家，達到五十多個，總稱為「海南諸國」。

宋朝的海外貿易為朝廷取得龐大的收益。北宋的市舶收入每年約五十萬貫，南宋的市舶收入更達到約二百萬貫，在南宋初期甚至達到過政府全年財政收入的15%。外貿收益對政府收入這麼重要，在宋朝以前是從未有過的。宋朝主要進口貨物是香藥、犀角、象牙、珠寶等物資，其中香藥佔了相當比例。僅僅是1974年泉州古港後渚出土的一艘海船上，所裝載的乳香、龍涎香、降真香、檀香、沉香等香料就多達四千多斤，所以宋朝的海外貿易又稱為「香藥貿易」。香藥用在生活的諸多方面，還出現了專門的著述《香譜》。進口香料豐富了中國藥物的內容，促進中國醫學和保健事業的發展，香藥也因此成了茶、鹽、礬之外，為政府獲得巨額利潤的大宗商品，受政府嚴格控制。

夢的記載

《宋史．食貨誌》：「宋之經費，茶、鹽、礬之外，惟香之為利博，故以官為市焉。」

《宋會要輯稿．職官》四四：「太平興國初，京師置榷易院，乃詔諸番國香藥寶貨至廣州、交趾、泉州、兩浙，非出官庫者，不得私相市易。」

（宋）陸游《老學庵筆記》卷一：「京師承平時，宋室戚里歲時入禁中，婦女上犢車，皆用二小鬟持香球在旁，而袖中又自持兩小香球。車馳過，香煙如雲，數里不絕，塵土皆香。」

既服之，其病立癒

在大傘下，出現了兩處拴「飲子」招牌的茶水桌，一處招牌上寫着「口暑飲子」，（「暑」字也可能是「香」字）。這樣的小茶水攤，在《東京夢華錄》中雖無記載，按一般傳統的風俗習慣它是應該有的。在周密的《武林舊事》中，有紫蘇飲、香需飲、雪泡縮皮飲諸名色的飲料。如果「口暑飲子」中的「暑」字不錯的話，這足以說明它的季節。

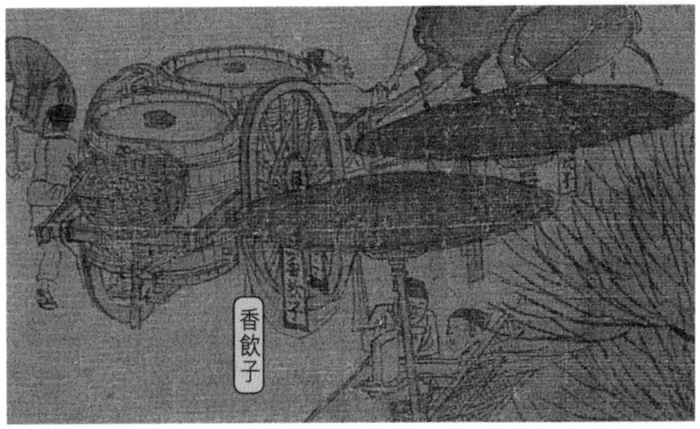

香飲子

夢的記載

（宋）李昉等《太平廣記》卷一二九引（五代）范資《玉堂閑話》：長安完盛日。有一家於西市賣飲子。用尋常之藥，不過數味，亦不嫻方脈，無問是何疾苦，百文售一服。千種之疾，入口而癒。常於寬宅中，置大鍋鑊，日夜剉斫煎煮，給之不暇。人無遠近，皆來取之，門市駢羅，喧闐京國，至有齎金守門，五七日間，未獲給付者。獲利甚極。時田令孜有疾，海內醫工召遍。至於國師待詔，了無其徵。忽見親知白田曰：「西市飲子，何訪試之。」令孜曰：「可。」遂遣僕人，馳乘往取之。僕人得藥，鞭馬而回。將及近坊，馬蹶而覆之。僕既懼其嚴難，不復取去。遂詣一染坊，丐得池腳一瓶子，以給其主。既服之，其病立癒。田亦只知病癒，不知藥之所來，遂賞藥家甚厚。飲子之家，聲價轉高。

作方井，官寺、民舍皆得汲用

井一般都是公用的，到井旁打水的時候，張家長李家短的，自然就形成了一個資訊交流的場所，於是就成為交換商品的理想場所，所謂「市井」就是這個意思。井台一般都是圓形或六邊形、八邊形的。《清明上河圖》共繪有兩口水井，一口在郊外的菜園內，是圓形的；另一口在趙太丞醫舖的旁邊，呈田字形，這就是文獻所稱的方井。井台旁有一棵大柳樹遮蔭。

東京城水源豐富、溝河縱橫，本來飲用水應該不成問題。但是由於措施不得力，官井還要收取百姓的錢，造成了仁宗慶曆六年（1046 年）「因開封府久旱，民多渴死」的慘狀，於是亡羊補牢開了三百九十井，後來下大力氣開了更多的方井。

夢的記載

《宋史》卷九四〈河渠志．金水河〉：「決金水，自天波門並皇城至乾元門，歷天街東轉，繞太廟入後廟，皆甃以礲甓，植以芳木，車馬所經，又累石為間梁。作方井，官寺、民舍皆得汲用。」

我的手筆

這井旁有三個人，三個人都穿短褲，袖上捲至肘，合演一首打水進行曲。最外面的人剛來到，正卸下挑擔的木桶；右角那個正要打水；對面那個打了水，用力拉上來。

我的發現：

以物質錢為解庫

畫快要結尾的時候，畫了一個掛着「解」字招牌的店舖，這個店舖的門板卸了下來，斜搭在門面前，其中一塊門板後面還有一個很大的鳥籠，店的北有一個涼棚，涼棚下坐着一個老者，旁邊圍了一群人，認真地聽他述說着甚麼。這個店舖是解字難煞了研究的人，有的認為「解」與「廨」通，表示官吏辦公的地方；有的則認為，這是代辦貨物運輸的客棧，因為「解」字有押送的含義，押送犯人就被稱為「解差」，運送軍糧稱為「解餉」。更多人主張這是作為當舖的「解庫」。

東京城內的金銀交易和當舖業很繁盛，而當舖在江南習慣上稱為「質庫」，江北的則稱為「解庫」。有學者認為，涼棚裏的畫面應當與「解」字店一起來看，棚是這個店的附屬建築，棚下的老者，可能就是解庫店的主人，圍坐者或立者，應是探詢典當業務。但當舖都是壁壘森嚴，重重設防的，哪有這麼開着門敞着舖的？所以，又有主張這是僧人七月十五坐夏結束以後，舉行社交活動，因為「坐夏」結束又被稱為「解夏」、「解制」。涼棚裏的人就是參加這次活動，走在旁邊街道上的僧人就是暗示這個畫面的內涵。可是為甚麼僧人不坐在棚裏當主角，而是用一個過路的行腳僧人來暗示呢？所以，也有人解釋成一個說書場面，老者在說書，其他人在聽書。

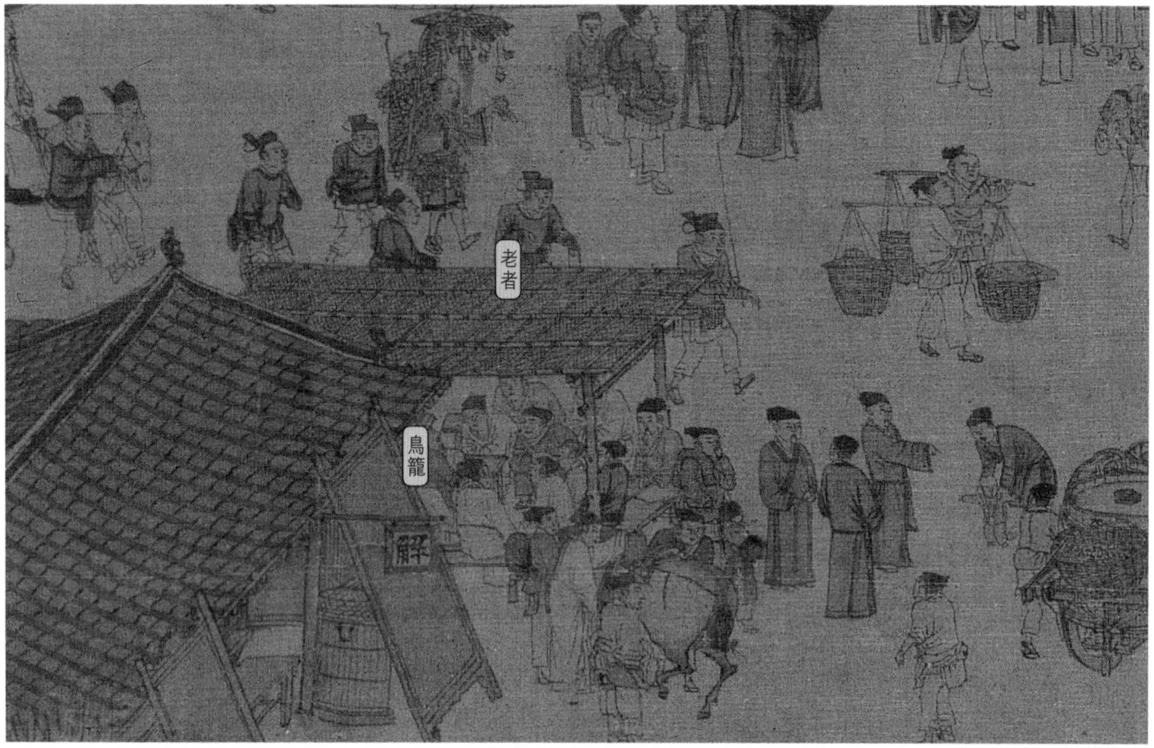

我的手筆：

現代畫的立體派，嘗試解構物體，把不同的部分畫出來。中國畫很早已有相似的手法，但沒有要解構到支離破碎的意圖，只是提供多個角度看同一組畫面，讓人更全面看到畫裏要表現的事物。「解」字店的屋頂和涼棚頂看到了，兩塊門板也很清楚，然後棚內棚外的各色人物也看到了。

夢的記載

（宋）吳曾《能改齋漫錄》卷二：「北人謂以物質錢為解庫，江南人謂之為質庫」。

《續資治通鑑長編》卷二百六十二，熙寧八年四月：「京師大姓多開質庫」。

《東京夢華錄》卷二之「東角樓街巷」：南通一巷，謂之界身，並是金銀綵帛交易之所，屋宇雄壯，門面廣闊，望之森然，每一交易，動即千萬，駭人聞見。

我的發現：

尺地寸土 與金同價

《清明上河圖》裏有兩處畫面非常有趣。

一處在趙太丞家的後院，院子中有堆疊的假山，還種植了修竹；還有一處是在開卷不遠處菜園子的右邊，畫了一個亭子。郊外出現了供人休憩和望遠的亭子，畫家反映的社會生活可謂細緻。宋朝城市化急速，城鎮的居民，厭倦人口稠密，緊張喧鬧的城市生活，以及瘟疫等城市病。

城區過於擁擠，造成居住困難，有些人不得不移居畿縣。宋代城市疫疾問題較為嚴重，溝渠污穢窒塞是疫疾多發的重要原因，但究其根本，還在於城市人口密度過高，而醫藥衛生水平尚未能適應所致。這些狀況也激發人嚮往自然，想通過欣賞風景消除緊張疲勞。城區內外，修建很多園林。有「臥遊」作用的山水畫，取代了跟遊樂氣氛格格不入的宗教畫，成為最受歡迎的繪畫題材。宋神宗時期的山水大家郭熙，就提出山水畫應該表達人的「林泉之志」，使人感到可行、可望、可遊、可居。

夢的記載

（宋）王禹偁《小畜集》一六〈李氏園亭記〉：重城之中，雙闕之下，尺地寸土，與金同價，其來舊矣。非勳戚世家，居無隙地。

（宋）楊侃《皇畿賦》（載呂祖謙編《宋文鑒》）卷二：於是有出居王畿，掛戶縣籍，興產樹業，出賦供役者矣。

夾道藥肆，蓋多國醫

《清明上河圖》裏畫了兩處醫藥舖子，着墨繁簡不同。一家是位於十字路口的姓楊的醫藥舖子，店面被遮擋，只有門前高聳的廣告牌上朱漆的「楊家應症」、「楊大夫×××」標明了店舖的性質。另外一處是畫卷末尾的趙太丞醫藥舖子，顯然主人的醫術高超，門額高懸「趙太丞家」就是最好的廣告。門口還有其他廣告牌子，分別寫着「趙太丞××××××」、「太醫出丸（？）醫腸胃病」、「治酒所傷真方集香丸」、「五勞七傷×××」。太丞是太醫丞的簡稱，漢代以來，太醫丞就是皇家醫院的高級官員。北宋還專門設置翰林醫官院，宋代的醫官可以從事第二職業，給普通的百姓治病，他們以國醫相標榜，生意非常興隆。東京人有所謂「病福」之說，病了還有甚麼福氣呢，就是因為東京看病方便，而且醫生的醫術也比較高明。但是，隨着宋徽宗時期的政治腐敗，賣官鬻爵、賄賂公行，醫官也越授越爛，到了「不可勝計」的地步。

夢的記載

《東京夢華錄》卷三之「馬行街北醫舖」：馬行北去，乃小貨行時樓，大骨傳藥舖，直抵正係舊封丘門，兩行金紫醫官藥舖，如杜金鈎家、曹家獨勝丸、山水李家口齒咽喉藥；石魚兒班防禦、銀孩兒、栢郎中家醫小兒；大鞋任家產科。其餘香藥舖席、官員宅舍，不欲遍記。

（宋）蔡絛《鐵圍山叢談》：上元五夜，馬行街南北幾十里，夾道藥肆，蓋多國醫，咸巨富。

《宋會要輯稿．職官》三六之一〇二：政和四年十月二十二日，臣僚上言：臣伏見今翰林醫官員數，比之熙豐舊額，增溢倍多。熙豐醫官，使二人，今自醫官以上三十三人，副使二人……太醫丞六人，今四十八人……奈何不為限節，而使日滋月益，且至於不可勝計矣。

縱及價錢，何處買地？

門屋檐下的斗拱和門前的上馬石，都顯示出這是一戶官宦人家。在宋朝，普通的民庶之家不可以用門屋，尤其是有斗拱的門屋。這棟官宦之家的門屋用板門，板門下面沒有地栿，建築上稱為「斷砌造」，方便車馬進出。整個院落大致呈四合院式，但並不規整，部分廊屋與隔壁的趙太丞家的房屋還交相錯落，廳堂三間，兩旁也沒有耳房，說明這戶人家的規模也不大。不過，由於東京的地價昂貴，我們倒並不能根據這點說這家主人的官品就一定不高，宋真宗時有個十分得寵的宰相李沆，他的住宅院落的面積也不大，「廳事前僅容旋馬」。

夢的記載

（宋）李攸《宋朝事實》卷十三：「天下士庶之家，凡屋宇非邸店、樓閣臨街市之處，毋得為四鋪作及斗八；非品官毋得起門屋；非宮室、寺觀毋得彩繪棟宇及間朱漆樑柱窗牖、雕鏤柱礎。」

《宋史．輿服誌》：「私居執政親王曰府，餘官曰宅，庶民曰家……凡民庶家，不得施重拱藻井及五色文采為飾，仍不得四鋪飛簷，庶人舍屋許五架，門一間兩廈而已。」

《宋會要輯稿．方域》四：宣和二年（1121年）十月二十八日，御史中丞翁彥國奏賜第事：今太平歲久，京師戶口日滋，棟宇密接，略無容隙。縱及價錢，何處買地？

清明上河圖的為甚麼

- 那隊轎子隊伍前面，為甚麼有人在奔跑，像追着甚麼東西？他前面畫面上缺掉的是甚麼？
- 停靠着的一艘大船的船頭上，那個老太太是不是在燒火造飯？那麼，這一天不會是寒食節了？
- 靠外側的大船，船尾為甚麼有個懸在外的籠子似的東西？那會是豪華廁所嗎？
- 畫上有長長的縴道，縴夫拉着長長的縴繩，但是縴繩為甚麼是綁在桅杆頂的？
- 八個人搖一支櫓，這船到底有多大？
- 橋頭販子賣的一個個淺色的小東西是甚麼？
- 腳店門前，戴箬笠的人向婦孺兜售的，是甚麼東西？旁邊那個店小二模樣的人，是送外賣嗎？
- 占卜攤旁的衙門裏為甚麼空無一人，而門口的幾個人昏昏欲睡？
- 汴河拐彎前的樹叢裏，怎麼跑出來幾頭豬？牠們是從南薰門進來的嗎？
- 樓前小橋上，人們在小河邊看甚麼？
- 橋上那輛小車上蓋的布上寫了甚麼？
- 為甚麼翰林圖畫院的張擇端要在畫面裏面畫乞丐？
- 據說最結實的夯土要劃不出痕的，那樓若是用結實的夯土建造，為甚麼樓前的土垣上長了那麼大的樹？
- 為甚麼會在木桶店裏賣弓箭？
- 「解」字到底是甚麼含義？後面為甚麼放了那麼大一個沒有鳥的鳥籠子？

● 整幅畫裏有好幾個頭頂貨物的人，你見到了嗎？
還有一個背着？？的行腳僧，你沒錯過吧？
畫末出來一個騎馬戴帽的，是個官人嗎？

● 畫面到結尾了，但只畫了一些樹，
到底畫面是結束了還是殘缺了？

我的為甚麼：

第三章

翰林圖畫院張擇端

神品

清明上河圖的構圖之謎

大家喜歡《清明上河圖》，除了張擇端的繪畫技藝精湛，世俗風景畫通曉直白之外，籠罩在「清明上河圖」上的團團迷霧，也給這幅名畫增添了許多傳奇色彩。

看不清，想不明

這幅名畫到底是怎麼樣構圖，它要表達的究竟是甚麼含義呢？

畫家張擇端到底是宋人還是金人，是南宋人還是北宋人？

張擇端若是北宋人，圖是宋徽宗（1100-1125 年在位）還是宋神宗（1067-1085 年在位）時候畫的？

《清明上河圖》有許多爭議，它的流傳撲朔迷離，含義眾說紛紜。小到一個畫面的解釋，都充滿了歧義……

在這些爭論中，最主要的爭論有兩個：一方面是這幅畫究竟想要表現甚麼？另方面是對畫面內容的理解，清明是季節嗎？上河是甚麼意思？這兩個問題又是相互關聯的，也是我們理解《清明上河圖》繞不過去的問題。

清明

《清明上河圖》所表現的季節，到底是春季還是秋季？

《清明上河圖》的名稱是根據金朝著名書畫鑒賞家張著在圖後的一則題跋確定的。畫題的清明不是清明節嗎？「清明」表示清明節，這是一說；也可能是清明坊，事緣汴京在北宋時人口大增，外城之外也不斷有人居住，於是在城外也設置了與城內一樣的廂級管理建制（汴京像唐朝首都長安那樣劃分成一個個坊，但它不同於唐代封閉式的，它是開放式的，並在坊之上多加一個廂級，加強城市管理），其中外城的東面設置了三個廂，由於外城居民較少，因此京東第一廂只管一個坊，坊名「清明」，因此有人認為《清明上河圖》描繪的是清明坊的景象；也有人認為「清明」是指政治上的清明。清明如果是時節，畫的自然是春天；如果不是清明節呢？就有人主張這幅長卷是畫秋天了。不論主張春景說還是主張秋景說的，大致都認同「清明」兩個字有多種含義，但具體的解釋不同。「清明」的含義並非單一，這是中國文人擅長的好戲。

為甚麼不就說是清明節就罷了？因為「清明上河圖」裏有些不像春景的畫面！在紛紜的季節爭論中，我們集中來看看討論得最多的兩個畫面。

開卷不遠的一隊人馬

這隊人馬前有僕人開道，女主人的轎子上插有枝條雜花，後面的僕人肩挑着東西，男主人騎馬走在隊伍的後面。主張春景說的，根據汴河沿岸「王家紙馬」的店招，門前「紙袞疊樓閣之狀」的紙紮，和《東京夢華錄》中「清明節」的記載，認為這隊人馬描繪的分明是清明時節掃墓回城的景象。《東京夢華錄》記述東京汴梁清明日「凡新墳皆用此日拜掃」。這一天不論貧富老幼，都來到郊外祭掃。各個城門擠滿了人，賣紙紮冥器的紙馬舖生意尤為興隆。清明節也是活着的人的一次盛大的郊遊活動，持續好幾天，「自此三日，皆出城上墳。」在遊人如鯽的場景中，一頂頂轎子引人注目，所以孟元老特地在《東京夢華錄》記上一筆：「轎子即以楊柳雜花裝簇頂上，四垂遮映。」

多數學者根據這段文獻①，和這隊回城人馬的下方，有戴風帽，身上裹得嚴嚴實實的一隊旅人的畫面等內容，認為「清明上河圖」描繪的是春天景色。

同樣是這幅畫面，主張秋景說的解釋則完全不同。認為轎子上插的枝條雜花，是宋代都市初秋時節「報秋成」所用的「麻穀窠兒」，就是麻和穀的棵兒，在宋代麻是製衣的主要原料，而穀則代表糧食。所以，宋人用「麻穀窠兒」向神祇、祖先表示豐收的謝意。主張這個講法的也用《東京夢華錄》為依據，《東京夢華錄》在「中元節」（又稱「盂蘭節」）中記載：

七月十五日為中元節。中元節的前一日，市面上有許多麻穀窠兒出售，這些麻穀窠兒是在節日中繫在桌子腳上，目的是「告祖先秋成之意」②。以「麻穀窠兒」來「告祖先秋成之意」的習俗，一直延續到南宋③。

問題是「繫在桌子腳上」的「麻穀窠兒」，怎麼會裝飾到轎子頂上去呢？秋景說一派的解釋是：

麻穀窠兒是農田裏的農作物，而「人家大率即享祭父母祖先」，「維之几案四角」是在堂屋裏。從農田到堂屋就得搬運，要不然，「麻穀窠兒」是不可能從天而降的。

秋景說主張者把麻穀窠兒裝上轎子，以免它們「從天而降」，並且認為「郊外進城轎子裏裝着麻穀窠兒，不僅形象符合，運行路線也相同。而從尊崇祖先、神祇的角度觀察，用轎裝載麻穀窠兒正蘊含有尊祖敬神之意。」④

這種解釋就很勉強了，轎子在宋朝才開始普及，怎麼會做了搬運「麻穀窠兒」的工具，後面還像模像樣地跟上一串隊伍了呢？

還有些人把這隊人馬解釋成打獵歸來的人，其中又有春天獵歸和秋天獵歸的區分。力主秋景說的提出：這隊抬轎子騎馬的隊伍，雖然有上墳掃墓的可能，但

說它是秋獵而歸更恰當些，因為，上墳四季皆有可能，就插花而言，春秋二季都能解釋得通。從畫面上其他地方有拿扇子、賣新酒甚至可能賣西瓜等種種的現象來看，說是秋季更符合實際些⑤。

打獵說的另一派，主張手卷前半部描繪的該列轎子隊，「經過仔細辨認，這不過是乘春色打獵歸來的人群」⑥。

這裏有必要了解宋朝的生物保護措施。宋朝制定了比較嚴格的捕獵法規，宋高宗在回憶祖先太宗未登上皇位，還在當開封府的長官，負責管理汴京城民間事務的時候，曾經下達「禁斷春夏捕雛卵等」的榜文，這種政策可以看到他的厚德載物，「仰見深仁厚澤，及於昆蟲。」⑦

其實這規矩還不是宋太宗定的，早在宋太祖即位之初，於建隆二年（961年）二月十五日就有這方面的詔書，除了表達惠及「鳥獸蟲魚」的仁政之外，這種措施還有「助陰陽之氣」的意圖在裏面⑧，所以，太宗時重申了宋太祖的詔書，太平興國三年（978年）四月三日，發佈了《二月至九月禁捕獵詔》，加重了懲處，要求官員對違反者要「伺察擒捕，重致其罪」，同時要求各地「於要害處粉壁，揭詔書示之」。⑨

由此可知，在農曆二月至九月，宋朝是嚴禁捕獵的，這個措施至少在京城附近應該是嚴格執行的（秋獵是容許的，農曆十月至次年一月可獵）。因此，畫面中是不應該出現「乘春色打獵歸來的人群」，要是有打獵的，那也應該是偷獵，而不能像畫面中那樣，坐着轎子騎着馬，帶着女眷大模大樣地回城。

寫着「新酒」的招幌

季節之爭的第二個焦點，是虹橋南面左側一個縛搭着綵樓歡門的酒樓上的招幌。一杆高高挑出的酒旗上寫着「新酒」兩個字，正是這兩個字，成為了秋景說的重要證據，開闢了爭論的第二個戰場。

《東京夢華錄》記述在中秋節前，各個酒店都爭賣新酒，為了促銷，還將店面重新修飾，「結絡門面綵樓花頭」，酒旗招揚。老百姓都紛紛品嘗新酒，還沒有到中午，酒店的酒就銷售一空了，以至於沒酒可賣，也就扯下招幌，關門休息了⑩。北宋東京的許多習俗保留到了南宋臨安。耐得翁在《都城紀勝》的序中說，東京的許多風俗習慣，都為各地所效仿，「風俗典禮，四方仰之為師」⑪。中秋開沽新酒的習俗也延續到了臨安。《都城紀勝．酒肆》中記述杭州城官方所屬的「天府諸酒庫」，每當寒食節前就「開沽煮酒」，中秋節前後則「開沽新酒」。「開沽煮酒」在《東京夢華錄》中也有相關的記述，四月八日紀念佛祖誕生的時候，東京城內的豪華酒店都要「初賣煮酒，市井一新。」⑫

主張秋景說的，引用《東京夢華錄》中中秋節前賣新酒作為主要證據。主張春景說的人則把「新酒」解釋成新的酒，說宋人喝新酒、賣新酒的季節相當多，不要看見一個「新酒」市招就認為只有中秋節才有此物。春景說主張者認為：

「細看畫圖與孟元老之記述，僅就酒店酒旗而言，也並非中秋時節。如畫圖數處酒店都正在營業，並懸掛酒旗，僅有一家酒旗上有「新酒」二字。按孟氏所載，是中秋節諸店皆賣新酒，至午間已是家家無酒，把望子收拾起來，可見中秋節所賣新酒和市招只是一個暫短性活動。如果照「秋景說」者是中秋的話，那末正在開店的酒家而未掛「新酒」望子者，是不願掛呢？還是賣的不是新酒？或者說，是新酒賣完了又在賣老酒呢？

根據宋代有關記載，賣新酒的時間相當多，決不是中秋節一次。如趙抃詩云：「更上高峰盡高處，黃花新酒醉重陽」，這是九月九日重陽節飲新酒的。文人張耒詩亦云：「家家新酒滴新醉，殘歲崢嶸春欲回」，這是歲末用新酒的。《東京夢華錄》記載四月八日，「京師初賣煮酒」，這也是個賣新酒的日子。⑬

其實，在宋代「新酒」是一個特有的名詞，是指中秋節前後開沽的酒（北宋在四月初八、南宋在清明節前後開沽的酒稱為「煮酒」），而不能解釋為新的酒。這正像現在上海有種酒叫「上海老酒」，我們不能根據這個名稱就認為它是老的酒一樣。

宋朝酒稅收入很高，如神宗熙寧年間，東京的酒稅收入高達四十萬貫，與同時期的東京商稅年額相等，所以酒是專賣的商品，官方禁榷酒麴，非常重視酒的生產。北宋在四月初八和中秋節前後分別開沽「煮酒」和「新酒」，而且開沽「新酒」的時候，都要舉行隆重的迎酒儀式，儀式上還動用官妓參與促銷。這些妓女，分為三等，花枝招展地參與促銷活動。為了多課酒稅，春秋兩季開沽「煮酒」和「新酒」的時候，還要對不同酒庫釀造出來的酒進行評獎，活動中還要動用歌舞伎樂助興，「最是風流少年，沿途勸酒」，「諸酒肆結綵歡門，遊人隨處品嚐。追歡買笑，倍於常時。」⑭

宋朝政府為了多收點酒稅而費盡心機，甚至也不管這些活動會不會敗壞風俗了，宋朝的有識之士，就對政府這種不顧顏面，與民爭利的做法強烈不滿，可是利之所在，皇帝要收錢，區區幾個文人的議論又改變得了甚麼呢？

「新酒」初上市的那一天，由於有大規模的促銷活動，那天的「新酒」很快就賣光了，而在中秋之後，也都可以賣「新酒」。天聖五年（1027年），仁宗責令有關部門為東京最大的酒樓白礬樓尋找新的承包商，並開出相當優惠的條件，讓京城的三千戶腳店的酒戶每天從白礬樓批發酒，由此可見每家腳店儲藏酒的量是不大的，也正是因為他們每天都可以去正店批發，所以，剛開沽出來的「新酒」在中午之前就賣光也就不難理解了。

在宋人筆記當中，「煮酒」和「新酒」是兩個概念，並不混淆。《宋會要輯稿．食貨》中記載，在宋仁宗慶曆七年（1047年）的六月，皇帝就下詔在九月一日以後支新酒，四月一日以後支煮酒，「並須截定月份釀造。」⑮ 這裏的「新酒」和「煮酒」就分得清清楚楚的。宋人還留下一份「煮酒」和「新酒」的價錢，二者分列，都是非常明確的證據⑯。

北宋官方在四月初八和中秋前後開沽煮酒和新酒，並不是說其他時候就不釀造酒了。《宋史．食貨誌》就記載，從春天到秋天，「釀成即鬻」的酒稱為「小酒」，其價自五錢至三十錢，分成二十六等。在《清明上河圖》臨河的一條巷子裏，一家酒店的簷前橫挑的酒旗上寫有「小酒」二字。「小酒」是一種隨時釀造，春秋皆賣的散酒。既然有小酒，那麼有沒有「大酒」呢？有的，「大酒」的製作工藝顯然要比「小酒」複雜，「大酒」是指「臘釀蒸鬻，候夏而出」的酒。⑰

力主春景說的，在討論「新酒」問題的時候說：

「如果說，畫圖所繪為中秋節，當市人爭飲新酒之時，其他眾多店家為何不賣新酒，而讓臨河那家腳店獨享其利？」⑱

言下之意，如果「新酒」是中秋節才賣的新的酒的話，其他的酒店也應該與之爭利，也掛上「新酒」的市招。可是，用同一邏輯來看「清明上河圖」，主張秋景說的也可以套用同樣的句式反問：如果插有枝條雜花的轎子隊伍是掃墓歸來，那麼為甚麼畫面上其餘的轎子不也插上「楊柳雜花」呢？

不管是主張春景說還是主張秋景說的，其思考問題的出發點都是認為《清明上河圖》描繪的只能是一個季節的景色，甚至是特定的某一天的景象。於是，主張春景說的對長卷中一些秋天的內容和文獻強作解人，而主張秋景說的又對畫面上的春天景色和相關文獻曲為之解。

上河

爭論的第二個大問題，是畫家究竟想要表現甚麼？「上河」是指汴河的上游，還是指到河邊去？

此畫名為「清明上河」，很容易讓人聯想到汴河。「清明」的含義並非單一，那麼「上河」呢？恐怕也不止一種含義。含義之一是當時的習慣說法，把去西郊的金明池遊玩稱為「上池」，所以上河也有到河岸邊去的意思。不過，這裏的「上」大概也有汴河上游的意思，像東京城裏有上下土橋，東邊的一座叫下土橋，而西邊的一座叫上土橋，汴河上設置了上下鎖來檢查過往船隻，也是東為下而西為上，這種東下西上的稱呼習慣不僅是北宋北方地區有，南方有些地方到現在還有，比如上海的得名就是來自於一條叫上海浦的河，而上海同樣有過一條叫下海浦的支流。河南省有不少地名還以「上」字開頭，如上街、上蔡等。北京頤和園附近，現在還有一條街道叫「上河沿街」。

汴河在《清明上河圖》中的地位，關係到張擇端怎樣處理這幅畫的構成，怎樣處理汴河和東京城的關係。

在欣賞過汴河大段景色之後，到了全畫正中，有一座虹橋橫跨汴河。這樣的虹橋，在汴梁附近有三座。一座在城外，即是東水門外七里的地方；兩座在東京城內，分別稱為「下土橋」和「上土橋」。關於《清明上河圖》中的虹橋究竟是這三座裏面的哪一座的問題，曾經發生爭論，而且這種爭論還常與畫面末段的「城門」相結合，成了爭論的又一個焦點：既爭論這是不是一座城門；也爭論假如是城門，是外城東南的城門還是裏城東南的城門，因為汴河是穿內外城而過的，若是裏城城門，虹橋就可能是上下土橋其中一座。

這虹橋和「城門」的位置問題，則涉及畫家究竟想要表現甚麼。

這裏不再複述各家的觀點，而是結合建築形態，換一個角度看問題。

有人已經注意到「清明上河圖」的房子，隨着畫卷展開而有變化：「這幾棟房子乃順序從畫卷內挑出來……一根樹幹所形成的柱從茅茨、草寮、涼棚到較隆重的城樓都出現了，北方流行的樑架式建築結構也因時制宜地施用。」[19]

可以補充的是，這些不同的建築物在畫面上的分佈是不同的，沿着汴河的建築雖然比卷首的村落建築考究，但是，與虹橋左下方不在汴河旁的建築相比，沒有鴟尾、搏風板、懸魚等裝飾，因此又顯得粗放。最明顯的如虹橋右下方的一棟建築，旁邊有一棵被砍伐得很厲害的柳樹。這棟建築的大樑明顯是彎曲的，使用的是未經修整的自然材。這樣使用自然材的建築在汴河兩岸並非一兩處，說明畫家在創作的時候是有意將汴河沿線的建築與精緻的東京城市裏的建築相區分，所以，筆者同意多數研究者的講法，認為《清明上河圖》中描繪的虹橋，畫的是外城東水門內外一帶地方，「那頂宛如『飛虹』的橋樑也正是『東水門外七里』的『虹橋』」[20]，而不是東京城裏的上土橋或者下土橋。

但是很少有人注意到這個七里有甚麼特別的地方。其實我們通常所說的北宋

都城東京，是在北宋之前就奠定了基本格局的。三重城牆中的外城是五代後周時期的周世宗（954-959年在位）下令建造的，北宋只是陸續做了一些修補工作。世宗在顯德二年（955年）四月所下的詔書中，提到在建造東京外城的時候，要在城外七里建立標識，規定七里之外才允許取土燒窰、營建墓葬和開展草市交易等活動㉑，東京城外「七里」附近實際上成了東京的城鄉結合部，這是北周世宗建城時定下的格局，北宋王朝在這城鄉結合部設置了關卡，專門有鐵鎖攔截過往船隻來檢查和徵稅，這裏的鐵鎖稱為「下鎖」；另外一個關卡在靠近黃河的汴河口，那裏的鐵鎖稱為「上鎖」。於是，「下鎖」附近成為汴京東南糧、物的第一大集散地。

問題是，描繪北宋第一大繁華都市的名畫，用盡全力，難道重點就是畫郊外和城市結合的地方嗎？事實上，在虹橋之後，畫家很巧妙地讓汴河拐了個彎。

汴河雖然重要，卻畫成美麗的S形，在全畫的畫面上只是佔了三分之一多的部分，在虹橋之後，汴河就拐彎了。可以設想，如果張擇端作畫的目的在描繪汴河，是不會出現這種情況的。汴河對東京是重要的，但不是唯一的焦點，畫汴河是要表現河上的運輸和河岸邊的「倉前成市」，畫的前半段畫汴河中各種各樣的船隻已經畫了二十多艘，河岸邊的店鋪隨着漕船的到來也紛紛開張，航運的細節已經表現得差不多了。從構圖角度可以設想，如果不讓汴河拐個彎換換畫面，而一直畫汴河的繁忙航運，這幅長卷的後半就可能出現與前半雷同的畫面，於是畫家讓汴河離開我們的視線，直接畫東京城了。

畫面後三分一段的中間有座門，受到以之為城門的影響，一般都認為城門左側，即全畫的尾聲之處表現的才是東京的市井繁盛。筆者以為，城市裏面的商業場景，是在虹橋附近掛着「新酒」招幌的腳店就開始的，這不但可以從腳店兩側建築的粗細程度上看出來，也可以從兩側商鋪的招幌和人流等情況看出來。

至於所謂的城門，究竟是不是城門還有待進一步考證，更不用說張擇端早已經讓汴河拐了彎，我們卻還在爭論這個城門到底是汴河上的哪一個城門？

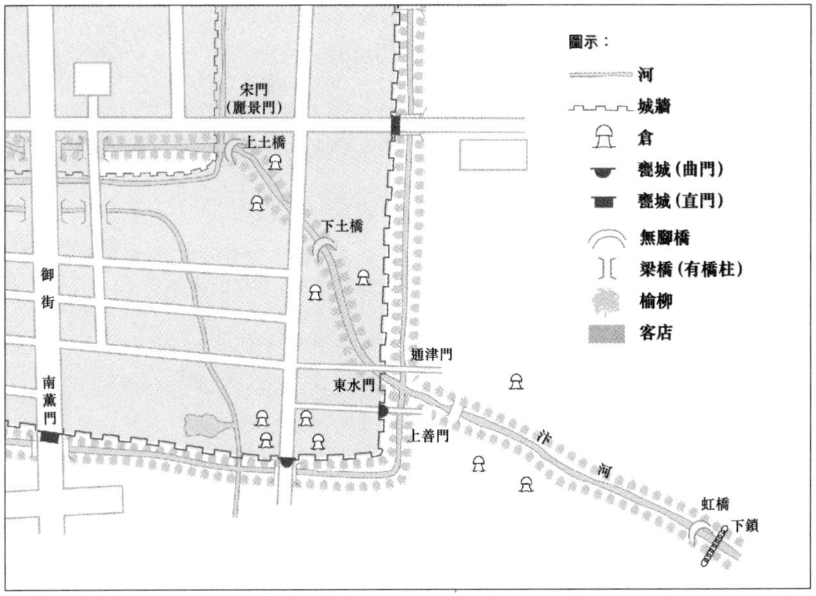

圖

有了上面的討論，我們再來看《清明上河圖》的構思和含義時，是不是可以考慮一下畫家的創作手法呢？這幅長卷可不可以既畫春景，也繪秋色？卷首那隊人馬，認為是掃墓歸來的傳統看法並不誤；虹橋旁的酒家也可以賣中秋節前的新酒。張擇端並不是在拍照，而是選取典型畫面，再組合到一起，構成了不朽的《清明上河圖》。

畫家用一座畫在全畫正中的虹橋，對市與郊，春與秋都來個變換，使這些選取的典型畫面自然地組合在一起。

張擇端處理虹橋的藝術構思是非常巧妙的，他在這裏作季節的轉換，而且也照顧到畫面處理的需要。

注意一下虹橋上畫面的佈局。虹橋上行人摩肩接踵，橋頭攤販佔地爭售，充分表現了文獻所記載的北宋東京「河橋上多是開舖販鬻，妨礙會埴及人馬車乘往來」的商業繁榮景況；然而張擇端對橋上南北的處理方式是不一樣的，傘和涼棚之類遮陽的用具，擠佔了橋南端的很大空間，相反，橋上北段卻沒有遮陽傘和涼棚，這正是畫家藝術構思的精巧之處。由於橋面彎曲，如果在橋的北端表現商業活動，設置涼棚遮陽傘之類的東西，就會遮擋畫面，這樣處理符合繪畫的要求，而繪畫因素之外，筆者認為，這是畫家在處理畫面中春與秋不同季節的自然過渡。

這樣說來，由於這虹橋位於城鄉交界的地方，因此《清明上河圖》中郊外的景色，和掃墓歸來的人畫在虹橋的右邊也就在情理之中；而張擇端在虹橋一過來就安排了一個有秋天明顯標誌的酒旗，也是經過深思熟慮的。「清明上河圖」上穿着單衣、短褲甚至光着上身的人物，基本上都在掛着「新酒」的腳店左側，也就可以理解了，春秋兩季，本來就有些衣着打扮是相近的，中原地區有所謂「二八月，亂穿衣」，正反映出這一特點。至於橋頭豎立長杆上的「五兩」是指示風向的，有提出：「如果畫卷所記翔實的話，開封這一天吹的便是西南風了。專家的季節之爭未知可否用上秋風送五兩的論據」，也從另一角度顯示了橋南顯示秋季的可能。㉒

畫家表現橋上熱鬧之外，橋下也安排了引人注目的畫面。橋下一條滿載貨物的漕船似乎是出了甚麼事故，並不像其他的船隻基本上都是順利上行，而是在過橋前被湍急的水流沖離了航線，船上的人緊張地操作，船工有的慌忙放倒桅杆，有的拚命撐梢。周圍河邊和橋上頭、鄰近的船上都有人在吶喊支招，有一個大概與船相關的人，奮力往橋下扔繩索，試圖幫助船隻擺脫困境，張擇端在這裏把畫面推向了一個高潮。

畫家為甚麼要畫這麼一座虹橋，而又要表現這樣一個緊張驚險的場面呢？張擇端在這裏除了表現一般言說的車馬喧闐，人聲鼎沸的市井繁華之外，作為「橫亙中國，首承大河，漕引江、湖，利盡南海，半天下之財賦，並山澤之百貨，悉由此路而進」的汴河，實乃北宋立國的根本，但是，汴河航運不知有多少艱辛！黃河水是汴河水的主要來源，為了保障汴河的水量，每年都要徵調大量民夫開挖新的渠口和進行清淤工作，可是，黃河河道經常擺動，所以，每年汴河的河口是要根據黃河的擺動而變換的，這項工程很耗費民力，而且「役者多溺死」。㉓ 而汴河航運本身也並非坦途，過去的橋樑低平，過往船隻時常發生與橋柱相撞的事故，所以早在真宗天禧元年（1017年）就有人建議使用無柱的虹橋，但因為造價較一般的橋樑高而沒有被官方採納。這種有利於橋下船隻通行的無柱拱橋，就是畫中的「虹橋」，後來被陳希亮推廣到汴河沿線。

由於汴河漕運對東京城很重要，所以，在一幅既畫汴河又畫東京城市盛況的畫裏，張擇端選擇虹橋來表現，同時還着意刻畫船隻在過橋時航運的險況，可以說是匠心獨運的。而過了虹橋，即見市井，汴河又拐彎而去，焦點集中於城市面目，使一卷五米多長的畫面，薈萃精彩場景，寫盡東京繁華。張擇端作為畫院的御用畫家，以之呈獻給皇帝，是得體恰當的。

因此，對「清明上河」的含義，筆者的解釋是，《清明上河圖》表現的是汴河這條北宋王朝的生命線給處於汴河上游地段的東京帶來的政治清明和市井繁華。

夢的記載

① **《東京夢華錄》卷之七「清明節」**：清明節，尋常京師以冬至後一百五日為大寒食。前一日謂之炊熟，今麵造棗錮飛燕，柳條串之，插於門楣，謂之子推燕。子女及笄者，多以是日上頭。寒食第三節，即清明日矣。凡新墳皆用此日拜掃。都城人出郊，禁中前半月，發宮人車馬朝陵，宗室南班近親，亦分遣詣諸陵墳享祀，從人皆紫衫，白絹三角子青行纏，皆係官給。節日，亦禁中出車馬，詣奉先寺道者院，祀諸宮人墳，莫非金裝紺幰，錦額珠簾，繡扇雙遮，紗籠前導。士庶闐塞，諸門紙馬舖，皆於當街，用紙衮疊成樓閣之狀。四野如市，往往就芳樹之下，或園囿之間，羅列杯盤，互相勸酬。都城之歌兒舞女，遍滿園亭，抵暮而歸。各攜棗錮、炊餅，黃胖、掉刀，名花、異果、山亭、戲具，鴨卵、雞雛，謂之門外土儀。轎子即以楊柳雜花裝簇頂上，四垂遮映。自此三日，皆出城上墳，但一百五日最盛。節日，坊市賣稠餳、麥糕、乳酪、乳餅之類。緩入都門，斜陽御柳；醉歸院落，明月梨花。諸軍禁衛，各成隊伍，跨馬作樂四出，謂之摔腳。其旗旄鮮明，軍容雄壯，人馬精鋭，又別為一景也。

② **《東京夢華錄》卷之八「中元節」**：七月十五日，中元節。先數日市井賣冥器靴鞋、襆頭、帽子、金犀假帶、五綵衣服。以紙糊架子盤遊出賣。潘樓並州東西瓦子，亦如七夕。要鬧處亦賣果食、種生、花果之類，及印賣《尊勝目連經》。又以竹竿斫成三腳，高三五尺，上織燈窩之狀，謂之盂蘭盆，掛搭衣服冥錢在上焚之。構肆樂人自過七夕，便搬目連救母雜劇，直至十五日止，觀者增倍。中元前一日，即賣練葉，享祀時鋪襯桌面。又賣麻穀窠兒，亦是繫在桌子腳上，乃告祖先秋成之意。又賣雞冠花。謂之洗手花。十五日供養祖先素食，才明即賣穄米飯，巡門叫賣，亦告成意也。

③ **《夢粱錄．解制日》**：七月十五日……賣麻穀窠兒者，以此祭祖宗，寓預報秋成之意。

④ **孔慶贊**：〈「清明上河圖」畫的是春天景色嗎？〉《開封教育學院學報》第21卷第1期。

⑤ **孔憲易**：〈「清明上河圖」的「清明」質疑〉，《美術》1980年第一期。

⑥ **曹星原**：〈破解「清明上河圖」之謎〉，載《千年遺珍國際學術研討會論文集》，上海書畫出版社2006年出版。

⑦ **《宋會要輯稿．刑法》二之一六一**：比得太宗皇帝尹京日，禁斷春夏捕雛卵等榜文，訓飭丁寧，惟

恐不至，仰見深仁厚澤，及於昆蟲。

⑧ **《宋大詔令集》卷一百九十八，建隆二年（961年）二月十五日**：王者稽古臨民，順時佈政，屬陽春在候，品彙咸亨，鳥獸蟲魚，俾各安於物性，罝罘羅網，宜不出於國門，庶無胎卵之傷，用助陰陽之氣，其禁民無得採捕蟲魚、彈射飛鳥。仍永為定式，每歲有司具申明之。

⑨ **《宋大詔令集》卷一百九十八**。

⑩ **見第二章〈新酒〉條之「夢的記載」**：《東京夢華錄》卷八之〈中秋〉

⑪ **《都城紀勝》序**：聖朝祖宗開國，就都於汴，而風俗典禮，四方仰之為師。

⑫ **《東京夢華錄》卷之八「四月初八」**：四月八日，佛生日。十大禪院，各有浴佛齋會，煎香藥糖水相遺，名曰浴佛水。迤邐時光晝永，氣序清和。榴花院落，時聞求友之鶯；細柳亭軒，乍見引雛之燕。在京七十二戶諸正店，初賣煮酒，市井一新。

⑬ **周寶珠**：**《清明上河圖與清明上河學》第七章**：「關於畫圖所繪的城市、部位與景色」，河南大學出版社，1997年。

⑭ **（宋）吳自牧《夢粱錄》「諸庫迎煮」條**：臨安府點檢所，管城內外諸酒庫，每歲清明前開煮，中秋前賣新迎年，諸庫呈複本所，擇日開沽呈樣，各庫預頒告示，官私妓女，新麗妝着，差顧社隊鼓樂，以榮迎引。至期侵晨，各庫排列整肅，前往州府教場，伺候點呈。首以三丈餘高白布寫「某庫選到有名高手酒匠，醞造一色上等醲辣無比高酒，呈中第一」……其日在州治呈祇應訖，各庫迎引出大街，直至鵝鴨橋北酒庫，或俞家園都錢庫，納牌放散。最是風流少年，沿途勸酒，或送點心。間有年尊人，不識羞恥，亦復為之，旁觀哂笑。諸酒肆結綵歡門，遊人隨處品嚐。追歡買笑，倍於常時。

⑮ **《宋會要輯稿．食貨》**：慶曆七年（1047年）六月詔：九月一日已後支新酒，四月一日後支煮酒，並須截定月份釀造。

⑯ **《宋人佚簡》第五冊《衙西店賣酒則例》**：煮酒每升正收錢一百七十文足，共賣酒一升二合，耗酒二合。新酒每一升正收錢一百五十文足，共賣酒二升五合，正酒一升、耗酒五合。

⑰ **《宋史．食貨誌》**

⑱ **同註⑬**。

⑲ **趙廣超**：《筆記清明上河圖》，香港三聯書店出版。

⑳ **徐邦達**：《清明上河圖的初步研究》，《故宮博物院院刊》1958年第1期。

㉑ **（北宋）王溥《五代會要》卷二六〈城郭〉**：惟王建國，實曰京師；度地居民，固有前則。東京華夷輻輳，水陸會通；時向隆平，日增繁盛；而都城因舊，制度未恢。諸衛軍營，或多窄狹；百司公署，無處興修；加以坊市之中，邸店有限；工商外至，絡繹無窮；僦賃之資，增添不定；貧乏之戶，供辦實難。而又屋宇交連，街衢湫隘，入夏有暑濕之苦，居常多煙火之憂。將便公私，須廣都邑，宜令所司，於京四面別築羅城，先立標識，候將來冬末春初，農務閒時，即量差近甸人夫，漸次修築；春作才動，便令放散；或土功未畢，即次年修築。今後凡有營葬及興窰灶並草市，並須去標識七里外。其標識內，候宮中壁畫，定軍營、街巷、倉場、諸司公廨院務了，即任百姓營造。

㉒ **趙廣超**：《筆記清明上河圖》，香港三聯書店出版。

㉓ **《宋史．河渠誌》**：宋都大梁，以孟州河陰縣南為汴首受黃河之口，屬於淮、泗。每歲自春及冬，常於河口均調水勢，止深六尺，以通行重載為准。歲漕江、淮、湖、浙米數百萬，及至東南之產，百物眾寶，不可勝計。又下西山之薪炭，以輸京師之粟，以振河北之急，內外仰給焉。故於諸水，莫此為重。其淺深有度，置官以司之，都水監總察之。然大河向背不常，故河口歲易；易則度地形，相水勢，為口以逆之。遇春首輒調數州之民，勞費不貲，役者多溺死。吏又並緣侵漁，而京師常有決溢之虞。

第四章

追憶似水流年

繁華事散

點點滴滴

仍流注在我們的血液裏

宋朝的城市，被稱為「近世」型的城市。中華民族有五千年悠久的文明史，而這五千年中，不是沒有變化的。唐、宋之際，中國社會面臨巨大的變革，宋朝的重要，在於影響到我們今天的傳統文化，有許多傳統都是宋朝開始的，清朝的翻譯家嚴復就說過，中國之所以成為現在這個樣子，是好是壞姑且不論，但是這種狀況十之八九是宋人造就的。舉兩個很小的例子：一個是宋朝實行薄葬，所以陪葬的器物大量減少，但是，用實用器物陪葬減少了，紙紮的冥器卻流行起來，《清明上河圖》就描繪了一家「王家紙馬」。再如，宋朝婚禮上有一道儀式，在儀式中禮官一面不斷吟着「瀧帳詞」，一面拿喜果撒向幃幕間，這種儀式直到近代仍廣泛採用。光緒二十八年（1902年）孫寶瑄的《忘山廬日記》中記錄下別人教他的「瀧帳詞」，那是從宋代延續下來的。也許正是因為這些變化，宋朝才格外讓人留連。

南宋的耐得翁在《都城紀勝》的序言裏，開篇就說，祖宗開國，都於汴梁，而汴梁的風俗典禮，「四方仰之為師」。陳舜俞也說：京師是百奇之淵，眾偽之府，這裏的異服奇器，「朝新於宮廷，暮仿於市井」，要不了幾個月，就流傳到全國各地了①。東京風俗對全國、對後代都產生過重要的影響，這種影響在南宋可以說隨處可見。《都城紀勝》不長，但裏面經常提到「京師」怎麼怎麼樣②，這個京師就是指汴梁而不是南宋首都杭州，杭州在當時稱為「行在」，以示南宋小朝廷雖然偏安一隅，卻志在恢復北宋江山。杭州人至今說話，帶有北方口音，與江南的吳儂軟語不同。這一點古人早就發現了，明代郎瑛就覺得杭州人說話好聽，而這種好聽的語音就是來自開封的③。據宋人的記載，連杭州的「歌叫賣聲」都是仿效開封的。語言是這樣，風俗習慣更是這樣。所以，了解汴梁的風俗，對了解宋代文化很有幫助。除了在第二章已經結合畫面介紹過的一些內容外，我們還可以結合《東京夢華錄》和其他的繪畫等資料，對東京風俗有更多的了解。

宋代城市的巨大發展，深深影響着從事創作的畫家，促使他們努力去表現城市生活，所以，從宋代開始，市肆畫大量出現。這些市肆畫取材於不同的城市側面，反映了當時的城市生活。這些畫家各逞其能，但都能受社會大眾歡迎。高元亨生於汴京，擅長畫佛道人物，兼長畫建築，畫史稱他「多狀京城市肆車馬」，當時的人高度讚許他畫的瓊林苑、角抵、夜市等市肆風俗畫。畫家支選在宋仁宗時為圖畫院的祇候，就喜歡畫酒肆的絞

貨郎

縛樓子，「有分疏界畫之功」。北宋末年，無名氏畫有《夷門市廛圖》，「備見政和間（1111-1118年）流宕浮糜之俗」。市肆畫不斷出現，也影響到地方城市，像揚州就有描摹城市風貌的《維揚春市圖》。城市風俗畫的興起，有深厚的社會基礎，所以，當北宋末年東京城達到鼎盛時期，隨之出現了市肆畫的代表作—張擇端的《清明上河圖》，就是自然而然的了。

節日活動

新年

元旦是一年之始④，萬象更新，自然也就成了東京人最看中的節日。宮廷裏要舉行大朝會，天子要接受文武百官的朝賀，外國使節也要前來祝賀。百姓則穿上新衣，把酒相酌，相互慶賀。連平日裏官府禁止的賭博，這個時候也開禁三天，甚至吸引了富貴人家的婦女參與。街道上則裝飾一新，車水馬龍。最有意思的是這個時候的婦女「忌針線之工」，所以當時的諺語有「懶婦思正月」之說。

立春

立春是祈求一年能有好收成的時候⑤，民安才能國泰，以農業立國的宋朝，連皇帝也很看重立春，所以，立春的前一天，開封府就為宮中準備好土牛，官員都要鞭打土牛，叫做「鞭春」或者「打春」，表示勸耕以兆豐年的意思。有趣的是，大眾為了討個吉利，遇有鞭打土牛的機會，甚至你搶我奪，激烈到「毀傷身體」的地步。商販也投其所好，製作小春牛販賣。

百子戲春

元宵

正月十五日鬧元宵⑥，這天晚上有燃燈的習俗，為了觀看燈景，連官府都放假三天，與民同樂。而宋朝記載元宵燈展盛況最詳細生動的文獻，就要數《東京夢華錄》了。宮城前搭建的大型彩燈讓人眼花繚亂，歎為觀止。有的結成佛教中文殊、普賢菩薩的模樣，菩薩的手不僅能夠動，而且可以從手指間噴出水來；有的彩燈的長杆高達數十丈，上面用紙糊了許多百戲人物，「風動宛若飛仙」，這樣的盛景，連皇帝都要前來觀看，更何況一般的老百姓呢！

清明節

《東京夢華錄》記述東京汴梁「清明節」活動的時候，首先講到清明節「尋常京師以冬至後一百五日為大」，「為大」的意思應該是「為盛」。其中清明日只是寒食紀念活動的一部分。「寒食第三節，即清明日矣。凡新墳皆用此日拜掃」，這一天大家都來到郊外祭掃。北宋時期清明節主要的活動是掃墓，但也是活着的人的一次盛大的郊遊活動，不是遊一天兩天，而是「自此三日，皆出城上墳，但一百五日最盛。」皇家的禁衞軍也前來湊熱鬧，他們「旗旄鮮明，軍容雄壯」「跨馬作樂四出」。⑦

佛誕

四月初八是佛祖誕辰⑧，各大寺院都要舉辦浴佛會，而浴佛的水是「香藥糖水」，因此，浴佛完畢，浴佛水就成為百姓爭求的東西了。在這一天，京城的人都吃素。寺院舉行浴佛儀式的時候，鑼鼓喧天，搞得跟過節一樣，所以四月初八自然又成了東京人集會活動的好日子。不好理解的是，《東京夢華錄》記載京城在這個時候「初賣煮酒」，市井為之一新。佛的生日和賣酒怎麼扯上了關係呢？而在南宋，「初賣煮酒」的日子是在清明前後，也許是南北季節上的差異？

端午

五月初五是端午節，既是紀念屈原的日子，也是民間驅邪禳災的日子。除了流傳到今天的買蒲葉、插艾草、吃粽子等風俗之外，還很喜歡在脖子上、手腕上帶上用五色彩絲編織的長命縷。端午標誌着夏天來了，皇帝也會給官員賞賜輕便的公服、扇子等，以示皇恩浩蕩。⑨

七夕

七夕之夜，牛郎織女一年一度在鵲橋相會，這個美麗淒婉的故事，感動了一代又一代的中國人。七夕又稱為乞巧節，有向織女求工巧手藝的風俗，節日所賣的東西莫不在巧字上爭奇鬥艷。富貴人家在家中庭院裏結起彩樓，謂之「乞巧樓」，盛陳「花瓜」、針線等，謂之「乞巧」。⑩

在東京，七夕是一個盛大的節日，東京城裏形成一個龐大的節日市場。「車馬盈市，羅綺滿街」，最熱鬧的時候，人進了市場，要到夜裏才能出來。司馬光的《和公達過潘樓觀七夕市》詩，描繪了潘樓附近的七夕市場，「偽物愈百種，爛漫侵數坊」。

宋太宗時，吳人燕文貴來到東京城，曾畫《七夕夜市圖》，描繪了京師七夕夜市的浩穰景象，「至為精備」，生動傳神。

不論北宋南宋，在七夕都賣一種小孩子形狀的玩偶，稱為摩合羅，或者摩羅、羅羅，價錢昂貴得匪夷所思。這種玩偶多是泥塑的，但是「土偶長尺餘，買之珠一囊」，土偶也賣一囊珠寶的錢，難怪司馬光也要感歎「紛華不足悅，浮侈真可傷」了！宋話本《碾玉觀音》的碾玉工匠，就想用一塊上尖下圓的玉，「好做一個摩侯羅兒」，這樣的摩羅價錢就更貴了。

為甚麼羅羅在宋朝會如此興盛呢？這與宋代城市以兒童及其形象祈求去邪納福的風氣有關。這一天東京的小孩須買新荷葉拿着，效顰摩羅。

羅羅其實就是釋迦牟尼的兒子羅睺羅，他在母腹七年方生，但他與釋迦牟尼相逢便認，極有慧根。在七夕節時用羅羅「乞巧」，祝願婦人生個男孩，是再合適不過了。

羅羅形象多為短衣窄袖，手腕帶環，有的着小馬甲、大肥褲，最常見的是執荷葉童子。這種摩羅的形象，寄寓了市民祈求聰明、健康、多男多福，祈求佛家保佑的願望。

玉執荷童子

中元節

七月十五日為中元節⑪。東京市民要獻祭祖先、拜掃新墳、告秋成等。整個活動都圍繞着孝道來進行。在中元節的前一日，市面上有許多麻穀窠兒出售，是在節日中繫在桌子腳上，目的是「告祖先秋成之意」，感謝列祖列宗的保佑，迎來了一年的好收成。這個時候街市上賣冥器的店舖生意又如同清明節那時候般興盛，民間流行舉辦盂蘭盆會，連續多天上演「目連救母」。而提倡孝道、祈求冥福的經文也很暢銷。

中秋

月到中秋分外明。中秋賞月是古往今來的傳統，這天晚上，富貴人家裝飾好自家的台榭，民間則爭先恐後前往酒樓，以便登高望月。東京城裏的賞月活動有一些和別處不一樣的內容。這一天對兒童來說，是個嬉笑歡鬧的好時候，全城的人家不論貧富貴賤，從蹣跚學步的幼兒到十二三歲的孩子，都穿上成人的衣服，然後或者登樓，或者在庭院裏焚香拜月，各自許下心願。這個時候城內到處歌舞升平，靠近皇宮的居民，更可以欣賞到「宛若雲外」而來的皇家音樂，市民通宵達旦地嬉戲，夜市裏人聲鼎沸，車馬喧囂。而助興的的美酒自然是少不了的，當天的「新酒」一上市就被一搶而空。各種瓜果和肥美的螃蟹等時令美食上市，給節日的市民帶來了新的歡樂。⑫

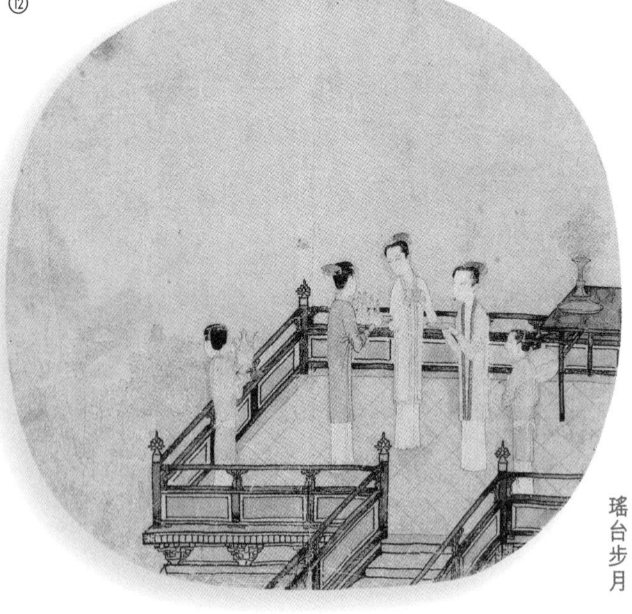
瑤台步月

重陽

九九重陽，東京人也登高賞菊。東京雖然位處平原，但是郊外還是有一些岡阜可供遊人登高的。而東京的菊花已經培育出許多人見人愛的品種。唐朝洛陽人喜歡色彩張揚的牡丹，東京人喜愛淡雅的菊花，以至於「無處無之」，酒店的門上用菊花裝飾一周，變成一個花門。⑬

冬至

要是問東京人最看重的是哪一個節日？說出來恐怕很多人會覺得奇怪。東京有三大節，分別是寒食、冬至和元旦，而三大節中，最看重的又是冬至。到冬至的時候，即使極貧困的人，也要想方設法穿上新衣，準備飲食，祭祀祖先。冬至不僅民間重視，皇宮裏也有一系列的活動，百官在這個時候也要朝賀天子，活動中甚至有調教好的大象參加，大象在東京城裏可是難得一見的寶貝，屆時「御街遊人嬉集，觀者如鯽」。為準備好這些活動，在冬至前一兩個月就開始張羅了。⑭

大駕鹵簿

除夕

除夕是一年的最後一天，夜晚皇宮裏要舉行驅除鬼祟的大儺儀。在皇城親事官的帶領下，衛兵都戴上假面具，穿上或繡或畫的衣服，手執金槍龍旗，裝扮成門神、鍾馗、小妹、土地、灶神之類，千餘人的隊伍浩浩蕩蕩，從皇宮裏面一路走來，到南薰門外舉行「埋祟」儀式。這天晚上皇宮裏的爆竹響徹雲霄，老百姓家也是劈劈啪啪，王安石的《除日》詩中寫道：「爆竹聲中一歲除，春風送暖入屠蘇」，就是描寫這種情形。而士庶之家，圍爐團坐，達旦不寐，謂之「守歲」，也是其樂融融。⑮

大儺圖

娛樂活動

金明池爭標

瓊林苑為東京四園苑之一，在城西新鄭門外路南，與路北的金明池相對，兩者實為一處園林。每年農曆三月一日至四月八日，瓊林苑和金明池都開放，成為東京人遊賞的樂園，宋廷在這裏舉行龍舟爭標和百戲活動，並允許百姓在這裏擺攤設點，熱鬧非凡。

金明池早在周世宗時就已初步開鑿。宋太宗原來在這裏校閱水軍，但是到了淳化三年（992年），大概宋太宗覺得已經躊躇志滿，再次巡幸金明池，開始把訓練水軍變為娛樂活動，把銀瓶擲於水中，讓人爭相競奪，習水嬉的初衷已由「示不忘戰」轉移到競渡取樂了。⑯⑰

宋真宗時演變為龍舟競渡，此後，一年一度有金明池龍舟競賽，張擇端就畫過《西湖爭標圖》，而且和《清明上河圖》一樣，被評為「神品」。

金明池爭標圖

活動場所

娛樂活動多是在瓦肆勾欄裏進行的。「瓦舍」又稱「瓦子」，是宋朝城市的娛樂場所或表演地方。「勾欄」則是在瓦舍中搭建的劇場。勾欄設有戲台和觀眾席。戲台高出地面，前半是演出場地，後面是演員化妝和休息的地方，中間用屏風阻隔。台前的觀眾席則以欄杆圍起來，以便向入場觀眾收費。

《東京夢華錄》記載了開封城裏的多處瓦舍⑱。一座瓦舍內有數量不等的勾欄，如開封「街南桑家瓦子，近北則中瓦，次裏瓦，其中大小勾欄五十餘座」。北宋開封的大型勾欄，可容納數千人，集中了各式各樣的表演藝人，為市民增添無限歡樂。

佛門清淨之地，也抵禦不住商業衝擊，加入到市場競爭中，北宋開封著名的相國寺，每月開放五次，讓「萬姓交易」，簡直變成一個大瓦肆⑲，難怪僧人也喊出「錢似蜜，一滴也甜」。

雜劇藝人

雜技百戲

勾欄裏上演諸如雜手伎、弄蟲蟻、舞旋、神鬼、講史、說諢話等。百戲是瓦舍、勾欄的主要表演項目。每逢重要節日，著名的百戲藝人還會被召進皇宮演出。宋朝百戲種類繁多，主要有雜技、魔術和馴獸等。宋朝魔術技法新穎，較特別的有「殺人復活」、「壁上睡」。馴獸表演方面，則有「使喚蜂蝶」、「老鴉下棋」等。「說唱」則是把樂曲融入表演中，由「說唱」藝人以邊講說、邊唱歌的形式，來表達故事。「說唱」後來與歌舞融合，漸漸發展出「宋雜劇」。⑳

相撲

相撲

角抵又名「相撲」，屬於角力摔跤形式的技藝。不論是宮廷宴會，還是瓦舍勾欄，都有角抵表演。《東京夢華錄》裏提到不少娛樂場合都有相撲運動助興。它很受宋朝市民歡迎，也是瓦舍勾欄常見的表演節目。高元亨的《角抵戲場圖》形象地描繪了相撲手「爭怒解挽，千變萬狀」的爭鬥情形。㉑

丁都賽磚雕

戲劇

宋雜劇興起於十二世紀，是中國傳統戲曲的雛型。它結合了歌舞、扮演、說唱和雜技等各種表演，由於形式混雜，所以稱為「雜劇」。雜劇言語詼諧，故事緊扣心弦，給觀眾從感官到心靈的愉悅。許多女藝人色藝俱佳，「風流模樣總堪憐」，往往引得貴族子弟神魂顛倒。《東京夢華錄》記載過一個雜劇女藝人丁都賽㉒，結果這位女藝人的形象，還被人製作成畫像磚，裝飾在墓，大概這位墓主人生前也是她的戲迷吧。

百戲中有不少藝人表演傀儡戲，傀儡戲是宋朝市民喜歡欣賞的表演。傀儡戲的形象資料現在保存下來不少。傀儡戲是用木偶作表演的戲劇，現在通稱木偶戲，有布袋、提線、杖頭木偶等形式。

除了伎藝表演外，瓦舍中有賣藥的、算卦的、賭博的、賣各種飲食的小攤小

提線木偶

販。而杭州的南瓦、中瓦、上瓦、下瓦，則更分別被時人冠以「衣山衣海、卦山卦海、南山南海、人山人海」的別稱。有了這個讓觀眾身心放鬆，同時又提供包括吃喝嫖賭等服務的花花世界，市民的娛樂生活無疑豐富多彩。宋代的瓦舍正是集中多種娛樂的場所。眾多的市民留連於此，有些人甚至「終日居此，不覺抵暮」。瓦舍的生意因此十分紅火，有的瓦舍甚至出現「不以風雨寒暑，諸棚看人，日日如是」的興盛情況。據推算，開封和杭州勾欄的觀眾每天大約在五萬人左右。所以，瓦舍也往往被視為一個令人頹廢的地方。

社會風尚

商業

東京的繁榮是與商業發達分不開的，商業發達又與國家對商業態度的轉變密不可分。

宋代之前，社會上普遍存在抑商思想，認為與農業相比，商業是末業，商人是純粹追逐利益的勢利之人，所以社會地位很低，統治者也經常採取措施，遏制商業的發展。隨着商業發展，宋代商人的實力大增，禁榷所得和商稅收入在國家的財政總收入中佔高額比例，使長期以來形成的抑商思想大受衝擊，並出現了反對抑商的思想。

官方對待在國家稅收有較大貢獻的商人，態度有很大的轉變，最明顯的標誌就是商人取得了「齊民」的身份，可以參加科舉考試。商業的發達，使兩宋京城形成了一個數量比較可觀的工商業者階層，東京的工商業者約佔當時東京總戶數的十分之一弱。這一階層與市場有密切的聯繫，當無疑問。他們「往往只於市店旋買飲食，不置家蔬」，便是這一緊密聯繫的表現。

隨着封閉式里坊制度的破壞，商業可以在街巷中自由進行，宋代城市中出現了一條條商業街道。這些商業街道也有同類相聚集的，於是出現了珠子市街、米市橋街等與商品有關的地名，在這樣的街道中買商品，可以貨比多家。

行團的發展是宋代城市商業發展的一個重要表現。隋唐的一百二十個行，發展到南宋已經有四百一十四個行。這些行業大體上分成三類，第一類是各種手工作坊，其中既生產商品，又兼營銷售的私人作坊是主流；第二類是各種商業行鋪，其中交引鋪、金銀鋪為代表的商業資本，和以經營典當起家的庫戶和錢民為代表的高利貸資本，在宋代經濟中有重大的影響；第三類是服務行業，主要是餐飲業，茶坊和澡堂也為數不少，澡堂也被稱為「香水行」，當時的外國人對這個行業嘖嘖稱奇，認為中國人講究衛生。宋代按行業組成行團，首領稱為行老。行團組織得到官方的認可，官方利用行團為其攤派勞役，行戶利用行團維護其權益。

宋代人對於錢的渴望比以前強烈，文人公開宣揚「錢之為錢，人所共愛」，毫不掩飾地追逐財富，文人尚且如此，更何況一般的百姓呢！在宋代「乍來乍去，條貴條貧」的情況屢見不鮮，這種情況一方面使大量的財富逐漸聚集到少數人手中，造成宋代高利貸的發達，另一方面貧富不定的狀況又刺激更多人追求財富的野心。

春遊晚歸

遊樂

從宋太祖「杯酒釋兵權」開始，宋朝廷便對開國勳臣實行贖買政策，以豐厚的賞賜保證其累世富貴，並鼓勵他們「多置歌兒舞女，日飲酒相歡」，兩宋君臣的娛樂之風一直不衰。尤其是北宋末期，「一時人士，相率以成風尚者，章醮也、花鳥也、竹石也、鐘鼎也、圖畫也、清歌妙舞、狹邪冶遊，終日疲役而不知倦」[23]。從《東京夢華錄》的記載，可以看到北宋末期開封人對遊樂的熱衷。除出一年中接續不斷的節日（包括傳統的、宗教的、官定的節日），各種慶典和祭祀以及「別無時節」的六月，人們都會借機會出遊觀賞，或到京城各大街小巷蹓躂，或到京郊各處園囿賞花觀景，或傾城出動，登高遊樂。遍佈開封的大小寺觀和名勝古跡，以及名園芳池，都提供了遊樂的好去處。

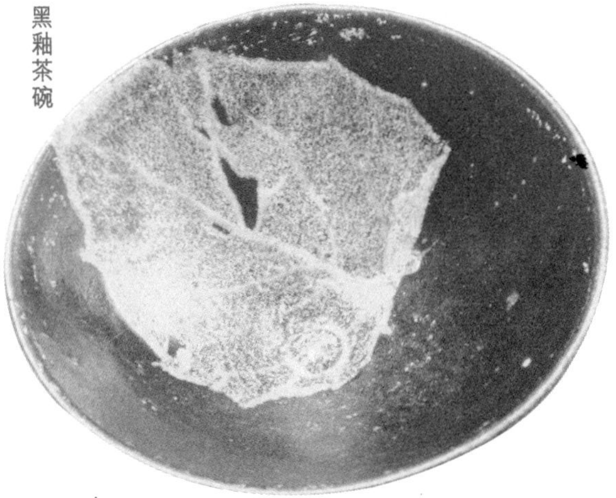
黑釉茶碗

飲茶

《東京夢華錄》中記載了很多飲茶的內容。飲茶風尚興起於唐朝，宋朝時，茶葉已經是生活必需品[24]，宋人認為家庭中每日必不可少的東西，就是「柴、米、油、鹽、醬、醋、茶」。上流社會和士大夫階層，更是熱衷於此。皇帝經常以各地進貢的上好茶葉，賞賜王公大臣。太學生、士大夫也經常舉行茶會，以茶會友。宋人對生產茶葉和烹茶飲用的方法，都很講究，出現了「鬥茶」的新風尚。鬥茶又名「茗戰」，一般是三五知己聚在一起，各自煮水沏茶，然後互相品評茶色、茶香和茶味，藉此分辨茶葉與水質的品級，以及比拼各人茶藝的高低。司馬光認為，茶與墨相反：「茶貴白，墨尚黑」，意思是茶湯越白越佳。為了更容易襯託出茶湯的白色，宋人鬥茶時喜愛用黑色的茶盞，於是福建生產的黑色茶盞便大受歡迎。

飲茶已成為宋朝士大夫幽雅生活的一部分。宋朝有很多詠茶詩，從「彈琴閱古畫，煮茗仍有期」等詩句看來，飲茶已融入琴棋書畫等高雅的文人活動之中，

烹茶

大大提高了飲茶的文化品位。士大夫飲茶的優雅品味，也影響了市井百姓的飲茶習慣，形成發達的茶坊文化。宋朝茶坊遍佈城鎮，大都佈置幽雅，茶具精美，四處張掛名人書畫，又有樂師、歌女賣藝，文化氣氛濃厚。宋代墓葬中出現過與飲茶習俗有關的文物，其中一塊烹茶畫像磚上，一個女子正在用火箸撥着火爐中的燃料，製作工夫茶。宋朝城市生活奢華，普通人家每生女，則「愛護如捧璧擎珠」，因為長大之後可以教以各種技藝㉕，其中廚娘雖然地位很低，但「非極富貴家不可用」。

飲食

《清明上河圖》和《東京夢華錄》都用大量的筆觸，描繪了食不厭精的東京飲食業。中國地大物博，各地特產不同，因此，各地飲食習慣有很大差異。在宋朝時已經形成南、北兩大飲食系統，為以後的飲食習俗，奠定了基本的格局。南方是產米區，以米飯為主食；北方是產麥區，以麵、餅為主食。宋神宗時，御廚

銀盞

所用的麵粉和大米比例是二比一，說明皇帝是以麵食為主。可是，南方人卻極少吃麵，民間甚至開玩笑說：南方人吃燒餅比服藥還要艱難。

除了南北主食的差異外，各地的飲食風格亦已細分多個不同菜系，主要有河南菜和浙江菜，以及以辛辣馳名的四川菜。北宋東京集中了各地菜系的食店，既照顧了各地商旅、遊人的口味，也促進了各地飲食文化的交流。宋朝經濟繁榮，城鎮興起，飲食行業有極大的市場，食店的數量增多，菜肴品種豐富。宋代京城出現了「豈惟貴公侯，閭巷飽魚蝦」㉖的華靡之風。

飲食業的繁榮，既可以從消費量的龐大需求上看出來，也可以從烹飪技藝的精湛看出來。

東京的飲食需求是驚人的，僅以消費得最多的魚和豬為例，開封的新鄭門、西水門和萬勝門，每天「生魚有數千擔入門」，而冬天從其他地方來的「客魚」，「謂之『車魚』，每斤不上一百文（緡）」，十分便宜㉗。東京的生豬大都經過南面的南薰門，每天不知道有多少群豬被運進東京城裏，有趣的是，這些豬好像經過訓練似的，沒有幾個人驅趕，但是豬卻沒有亂走的㉘。《清明上河圖》靠近寺院的地方，也畫了幾頭豬。

宋朝精細的文化特質，也可從細密的烹飪分工中反映出來。宋朝飲食業十分繁盛。飲食業也有「行團」同業組織，南宋臨安的行中，屬於飲食業的有酒行、食飯行，後市柑子團、城北魚行、城東蟹行、雞鵝行等等。這些食店高、中、低三種檔次俱全，照顧不同階層的顧客。

在宋朝興旺的夜市中，商販會出售各式小食，如沙糖綠豆、雞皮、雞腎、水晶角兒、辣角子和辣蘿蔔等。另外，宋人也喜歡吃點心，如包子、肉絲糕、糖蜜果實等。夏天更有消暑的冷飲如甘草冰雪和涼冰荔枝膏。宋朝烹飪分工細密，菜肴品種繁多。常用的烹飪方法有煎、蒸、炒、炸、爆、釀、膾（把肉切碎來食）、炙（燒烤）、醃等，每種烹飪方法又衍生多種變化。宮廷和大臣府第的廚師，分工更細。北宋大臣蔡京家中設有包子廚，其中一名女工流落外地，卻不會包包子，自稱只在包子廚中專縷葱絲，可見烹調分工的精細程度。

剖魚

菜肴的製作，已有了地區專業化的傾向，各地出現許多特色菜肴。江西的黃雀、兩浙江陰軍（今屬江蘇）的河豚、福建興化軍的子魚都是「天下第一」。江西人以黃雀製成黃雀饌，暢銷各地。河豚有毒，但味道鮮美，蘇軾說為了食河豚，「值得一死」。食店也有類似的專門化傾向。開封和臨安的食店，有些專賣冷餐，有些則以一道拿手小菜聞名，如戈家的蜜棗兒、雜貨場前的甘豆湯和宋五嫂的魚羹等，都是遠近馳名的獨門小菜。

佛教和道教

《東京夢華錄》裏記載的很多節慶活動和民間風俗，都與佛教和道教有關。《清明上河圖》也不惜筆墨，在畫面上安排了幾個和尚和道士，畫面上還出現了寺院，這也是當時社會生活的具體寫照。

地獄與報應觀念在宋朝日益世俗化，這種觀念跟中國傳統的儒、道思想融合，深深影響中國民間的思想和信仰。它把儒家的道德規範，跟道教、佛教的宗教戒律結合，在民眾中形成共同的觀念，從而得到民眾的認可，不但影響至明清，甚至遠播東亞其他國家和地區。現今盂蘭節等民間宗教節日，其實就是地獄報應觀念衍生出來的。「盂蘭」在印度語中是「倒懸」的意思，而「盆」則是指盛放供品的器皿。盂蘭盆會最初是根據西晉時翻譯的《佛說盂蘭盆經》所設立，實際上是一個提倡孝親的節日。經中說道佛的弟子目犍連，用道眼看到他的母親在地獄中備受煎熬，依靠眾僧的修行能力，救出母親。由於與中國傳統的孝親觀念吻合，所以盂蘭盆會很快興盛起來。自宋、元兩朝以後，盂蘭盆會卻逐漸失去了本意，滲入了民間的鬼神崇拜，由敬僧孝親的節日，演變為祭鬼節日，成為今日的盂蘭節。後世從地獄觀念發展而來的民間習俗，還有「放河燈」、「燒法船」等，反映了民間普遍相信地獄觀念。

閻羅王殿

夢的記載

① **《都官集》卷二，「敦化」五**：

「今夫諸夏必取法於京師。所謂京師則何為？百奇之淵，眾偽之府，異服奇器，朝新於宮庭，暮仿於市井，不幾月而滿天下。」

② **郎瑛《七修類稿》**：

（杭州）「城中語音好於他郡，蓋初皆汴人，扈宋南渡，遂家焉，故至今與汴音頗相似。」

③ **《夢粱錄》卷一《八日祠山聖誕》**：

（杭州）「歌叫賣聲、效京師（開封）故體，風流錦體，他處所無」。

④ **《東京夢華錄》卷六之「正月」**：

正月一日年節，開封府放關撲三日。士庶自早互相慶賀，坊巷以食物動使果實柴炭之類，歌叫關撲。如馬行潘樓街州東宋門外州西梁門外踴路，州北封丘門外，及州南一帶，皆結綵棚，鋪陳冠梳、珠翠、頭面、衣着、花朵、領抹、靴鞋、玩好之類。間列舞場歌館，車馬交馳。向晚貴家婦女，縱賞關賭，入場觀看，入市店飲宴，慣習成風，不相笑訝。至寒食冬至三日亦如此。小民雖貧者，亦須新潔衣服，把酒相酬爾。

⑤ **《東京夢華錄》卷六之「立春」**：

立春前一日，開封府進春牛入禁中鞭春。開封、祥符兩縣，置春牛於府前。至日絕早，府僚打春，如方州儀。府前左右，百姓賣小春牛，往往花裝欄坐，上列百戲人物，春幡雪柳，各相獻遺。春日，宰執親王百官皆賜金銀幡勝。入賀訖，戴歸私第。

⑥ **《東京夢華錄》卷六之「元宵」**：

正月十五日元宵，大內前自歲前冬至後，開封府絞縛山棚，立木正對宣德樓，遊人已集御街兩廊下。奇術異能，歌舞百戲，鱗鱗相切，樂聲嘈雜十餘里……綵山左右，以綵結文殊、普賢，跨獅子、白象，各於手指出水五道，其手搖動。用轆轤絞水上燈山尖高處，用木櫃貯之，逐時放下，如瀑布狀。又於左右門上，各以草把縛成戲龍之狀，用青幕遮籠，草上密置燈燭數萬盞，望之蜿蜒如雙龍飛走。自燈山至宣德門樓橫大街，約百餘丈，用棘圍繞，謂之棘盆，內設兩長竿高數十丈，以繒綵結束，紙糊百戲人物，懸於竿上，風動宛若飛仙。

⑦ **《東京夢華錄》卷七之「清明節」**：

清明節，尋常京師以冬至後一百五日為大寒食。前一日謂之炊熟，用麵造棗錮飛燕，柳條串之，插於門楣，謂之子推燕。子女及笄者，多以是日上頭。寒食第三節，即清明日矣。凡新墳皆用此日拜掃。都城人出郊。禁中前半月，發宮人車馬朝陵，宗室南班近親，亦分遣詣諸陵墳享祀，從人皆紫衫，白絹三角子青行纏，皆係官給。節日，亦禁中出車馬，詣奉先寺道者院，祀諸宮人墳，莫非金裝紺幰，錦額珠簾、繡扇雙遮，紗籠前導。士庶闐塞，諸門紙馬鋪，皆於當街，用紙衮疊成樓閣之狀。四野如市，往往就芳樹之下，或園囿之間，羅列杯盤，互相勸酬。都城之歌兒舞女，遍滿園亭，抵暮而歸。各攜棗錮、炊餅，黃胖、掉刀，名花、異果，山亭、戲具，鴨卵、雞雛，謂之門外土儀。轎子即以楊柳雜花裝簇頂上，四垂遮映。自此三日，皆出城上墳，但一百五日最盛。節日坊市賣稠餳、麥糕、乳酪、乳餅之類。緩入都門，斜陽御柳；醉歸院落，明月梨花。諸軍禁衛，各成隊伍，跨馬作樂四出，謂之摔腳。其旗旄鮮明，軍容雄壯，人馬精銳，又別為一景也。

⑧ **《東京夢華錄》卷八之「四月八日」**：

四月八日佛生日，十大禪院，各有浴佛齋會，煎香藥糖水相遺，名曰浴佛水。迤邐時光晝永，氣序清和。榴花院落，時聞求友之鶯；細柳亭軒，乍見引雛之燕。在京七十二戶諸正店，初賣煮酒，市井一新。唯州南清風樓最宜夏夏飲，初嘗青杏，乍薦櫻桃，時得佳賓，觥籌交作。

⑨ **《東京夢華錄》卷八之「端午」**：

端午節物：百索艾花、銀樣鼓兒花、花巧畫扇、香糖果子、糭子、白團。紫蘇、菖蒲、木瓜，並皆茸切，以香藥相和，用梅紅匣子盛裹。自五月一日及端午前一日，賣桃、柳、葵花、蒲葉、佛道艾，次日家家鋪陳於門首，與糭子、五色水團、茶酒供養，又釘艾人於門上，士庶遞相宴賞。

⑩ **《東京夢華錄》卷八之「七夕」**：

七夕前三五日，車馬盈市，羅綺滿街，旋折未開荷花，都人善假做雙頭蓮，取玩一時，提攜而歸，路人往往嗟愛。又小兒須買新荷葉執之，蓋效顰磨喝樂。兒童輩特地新妝，競誇鮮麗。至初六日七日晚，貴家多結綵樓於庭，謂之乞巧樓。鋪陳磨喝樂、花瓜、酒炙、筆硯、針、線，或兒童裁詩，女郎呈巧，焚香列拜，謂之乞巧。婦女望月穿針。或以小蜘蛛安合子內，次日看之，若網圓正，謂之得巧。

⑪《**東京夢華錄**》**卷八之「中元節」**：

七月十五日中元節。先數日，市井賣冥器、靴鞋、幞頭帽子、金犀假帶、五彩衣服。以紙糊架子盤遊出賣。潘樓並州東西瓦子，亦如七夕。耍鬧處亦賣果食、種生、花果之類，及印賣尊勝目連經。又以竹竿斫成三脚，高三五尺，上織燈窩之狀，謂之盂蘭盆，掛搭衣服冥錢在上焚之。構肆樂人自過七夕，便般目連救母雜劇，直至五十日止，觀者增倍。中元前一日，即賣練葉，享祀時鋪襯桌面。又賣麻穀窠兒，亦是系在桌子腳上，乃告祖先秋成之意。

⑫《**東京夢華錄**》**卷八之「中秋」**：

中秋節前，諸店皆賣新酒，重新結絡門面綵樓，花頭畫竿，醉仙錦旆。市人爭飲，至午未間，家家無酒，拽下望子。是時螯蟹新出，石榴、榲勃、梨、棗、栗、孛萄、弄色棖橘，皆新上市。中秋夜，貴家結飾台榭，民間爭佔酒樓玩月。絲篁鼎沸，近內庭居民，夜深遙聞笙竽之聲，宛若雲外。閭里兒童，連宵嬉戲。夜市駢闐，至於通曉。

⑬《**東京夢華錄**》**卷八之「重陽」**：

九月重陽，都下賞菊有數種：其黃白色蕊若蓮房曰萬齡菊，粉紅色曰桃花菊，白而檀心曰木香菊，黃色而圓者曰金鈴菊，純白而大者曰喜容菊，無處無之。酒家皆以菊花縛成洞戶。都人多出郊外登高，如倉王廟、四里橋、愁台、梁王城、硯台、毛駝岡、獨樂岡等處宴聚。

⑭《**東京夢華錄**》**卷十之「冬至」**：

十一月冬至。京師最重此節，雖至貧者，一年之間，積累假借，至此日更易新衣，備辦飲食，享祀先祖。官放關撲，慶賀往來，一如年節。

⑮《**東京夢華錄**》**卷十之「除夕」**：

至除日，禁中呈大儺儀，並用皇城親事官。諸班直戴假畫，繡畫色衣，執金槍龍旗。教坊使孟景初身品魁偉，貫全副金鍍銅甲裝將軍。用鎮殿將軍二人，亦介冑，裝門神。教坊南河炭醜惡魁肥，裝判官。又裝鍾馗、小妹、土地、盔咫岔竈神之類，共千餘人，自禁中驅祟出南薰門外轉龍彎，謂之埋祟而罷。是夜禁中爆竹山呼，聲聞於外。土庶之家，圍爐團坐，達旦不寐，謂之守歲。

⑯《**東京夢華錄**》**卷七之「三月一日開金明池瓊林苑」**：

三月一日，州西順天門外，開金明池、瓊林苑，每日教習車駕上池儀範。雖禁從士庶許縱賞，御史台有榜不得彈劾。池在順天門外街北，周圍約九里三十步，池西直徑七里許。入池門內南岸，西去百餘步，有面北臨水殿，車駕臨幸，觀爭標，錫宴於此。

⑰《**宋史**》**卷一一三《禮誌》**：

咸平三年（1000年）五月，宋真宗「幸金明池觀水戲，揚旗鳴鼓，分左右翼，植木系綵，以為標誌，方舟疾進，先至者賜之」。

⑱《**東京夢華錄**》**卷二之「東角樓街巷」**：

街南桑家瓦子，近北則中瓦，次裏瓦。其中大小勾欄五十餘座。內中瓦子蓮花棚、牡丹棚、裏瓦子夜叉棚、象棚最大，可容數千人。自丁先現、王團子、張七聖輩，後來可有人於此作場。瓦中多有貨藥、賣卦、喝故衣、探搏飲食、剃剪紙畫令曲之類。終日居此，不覺抵暮。

⑲《**東京夢華錄**》**卷三之「相國寺內萬姓交易」**：

相國寺每月五次開放萬姓交易，大三門上皆是飛禽貓犬之類，珍禽奇獸，無所不有。第二三門皆動用什物，庭中設綵幙露屋義蒲，賣蒲合、簟席、屏幃洗漱、鞍轡弓劍、時果、臘脯之類。近佛殿孟家道院王道人蜜煎，趙文秀筆，及潘谷墨占定。兩廊皆諸寺師姑賣繡作、領抹、花朵、珠翠、頭面、生色銷金花樣幞頭帽子、特髻、冠子、絛線之類。殿後資聖門前，皆書籍玩好圖畫及諸路罷任官員土物香藥之類。

⑳《**東京夢華錄**》**卷五「京瓦伎藝」**：

崇、觀以來，在京瓦肆伎藝：張延叟孟子書。主張，小唱：李師師、徐婆惜、封宜奴、孫三四等，誠其角者。嘌唱弟子張七七、王京奴、左小四、安娘、毛團等。教坊減罷並溫習張翠蓋、張成弟子、薛子大、薛子小、俏枝兒、楊總惜、周壽奴、稱心等。般雜劇：杖頭傀儡，張金線、李外寧。藥發傀儡，張臻妙、溫奴哥、真個強、沒勃臍、小掉刀……

㉑ **劉道醇：《宋朝名畫評》卷一**：

「寫其觀者四合如堵，坐立翹企，攀扶仰俯，及富貴貧賤，老幼長少，緇黃技術，外夷之人，莫不具備。至於爭怒解挽，千變萬狀，求真盡得，古未有也。」

㉒ **《東京夢華錄》卷七「駕幸臨水殿觀爭標錫宴」**：

其村夫者以杖背村婦出場畢，後部樂作，諸軍繳隊雜劇一段，繼而露台弟子雜劇一段，是時弟子蕭住兒、丁都賽、薛子大、薛子小、楊總惜、崔上壽之輩，後來者不足數。

㉓ **王夫之：《宋論》卷八**

㉔ **《東京夢華錄》之卷五之「民俗」**：

或有從外新來，鄰左居住，則相借措動使，獻遺湯茶，指引買賣之類。更有提茶瓶之人，每日鄰里，互相支茶，相問動靜。

㉕ **《説郛》卷七三引《穀漫錄》**：

「京都中下之戶，不重生男，每生女則愛護如捧璧擎珠。甫長成，則隨其姿質，教以藝業用備士大夫采拾娛侍」

㉖ **歐陽修：《文忠集》卷六《京師初食車鼇》**

㉗ **《東京夢華錄》卷四之「魚行」**：

賣生魚則用淺抱桶，以柳葉間串，清水中浸，或循街出賣，每日早惟新鄭門、西水門、萬勝門，如此生魚有數千檐入門。冬月即黃河諸遠處客魚來，謂之車魚，每斤不上一百文。

㉘ **《東京夢華錄》卷二之「朱雀門外街巷」**：

南去即南薰門。其門尋常士庶殯葬車輿皆不得經由此門而出，謂正與大內相對，唯民間所宰豬，須從此入京，每日至晚，每羣萬數，止數十人驅逐，無有亂行者。

附錄一

著名話本小說裏的東京故事

《水滸傳》：中國四大古典小說之一。敘述北宋末年徽宗時期一百零八人被迫上山東梁山泊造反的故事。故事由高俅靠踢球受寵於徽宗，在東京當上高官開始，小說部分重要人物及情節在東京發生，包括花和尚魯智深倒拔垂楊柳，發生在大相國寺；豹子頭林沖誤入白虎堂，他是八十萬禁軍教頭，被高俅陷害；青面獸楊志在汴京城橋頭賣家傳寶刀，卻被東京的無賴所欺，誤殺充軍等。

《三國演義》、**《水滸傳》**和**《西遊記》**都是由說話人在瓦舍勾欄裏講歷史故事發展出來，再經過文人整理潤飾，而成為長篇古典小說。四大小說裏，只有《紅樓夢》純粹由文人創作。

《三言二拍》：明人馮夢龍的《警世通言》、《喻世明言》、《醒世恆言》合稱為《三言》，與凌濛初的初刻及二刻《拍案驚奇》合稱為《三言二拍》，不少故事脫胎於宋代流行的話本小說，也有講宋代故事，卻是明代人寫的擬話本。《三言二拍》裏有些故事以北宋東京為場景，如《王安石三難蘇學士》、《金明池吳清逢愛愛》、《宋四公大鬧魂張》、《鬧樊樓多情周勝仙》等。

《包公案》：是包公故事的短篇小說集。講述東京開封府尹（首都市長）包拯偵查審訊案件，不畏強權，懲惡除奸的故事，塑造了小說史上著名的清官包青天形象。包公故事在宋朝已經流傳，經過歷代添枝加葉，後來被輯錄成《包公案》。包公故事的文學水平比不上《水滸傳》及宋元話本的代表作，但流傳很廣，並影響到《三俠五義》等。

《三俠五義》或《七俠五義》：清朝末年影響很大的俠義公案小說，開武俠小說流行全國的風氣。

以清朝說書人石玉崑講唱包公故事為底本，由於講得精彩，他的講唱被寫成文字，又經文人潤飾刪定。最有名的改寫者是大學者俞樾，他並將小說改名為《七俠五義》。故事由包公審案開始，引出七俠中的南俠展昭（御貓），及五義（陷空島五鼠）鬧東京故事。其中御貓展昭和錦毛鼠白玉堂的故事最為人熟知。由於《七俠五義》極為流行，後來又產生了許多續作，如《小五義》等。

附錄二

《東京夢華錄》（宋）孟元老

本書描寫北宋徽宗時首都的情況。分為十卷，從多方面描繪了東京城市面貌、歲時節令、物產時好和風土人情，是研究北宋都市社會生活、經濟文化的重要文獻。

孟元老生平事跡不詳。據他的自序，他自幼隨父親宦遊南北。徽宗崇寧二年（1103年）定居於京師，共二十三年，可謂成長於斯。

「靖康之難」，金兵破開封，徽、欽二帝被擄，北宋亡，中原人士紛紛南下避難。第二年，孟元老亦到了江南。南下的中原人士，不能忘懷於故土，故老閒坐必談京師風物。孟元老談到東京的繁華，年輕人「往往妄生不然」，因此孟元老提筆追憶東京當年盛況，於南宋紹興十七年（1147年）撰成此書。但他生時應沒有見到此書刊刻，要到四十年之後才有初刻本，現已不存，現存最早的是元代刻本。

《東京夢華錄》之後，《都城紀勝》、《武林舊事》、《夢粱錄》等描寫南宋風物的書相繼而作，《東京夢華錄》可說是宋代此類書籍的鼻祖。

《清明上河圖》（宋）張擇端

描繪北宋首都景物及汴河漕運的著名風俗畫，在五米多長的畫幅，用八百多個形態各異的人物，近三十艘各色船隻，數十棟房屋等，描繪了汴河帶給東京的繁盛景象。由於《清明上河圖》極有名，以《清明上河圖》為題的仿本極多，明清兩代仿本不下數十件，其中不乏名畫家的仿作，北京及台北故宮博物院都有收藏。

現時最有名並公認為張擇端原作的《清明上河圖》，藏於北京故宮博物院，畫後有金朝張著的跋，說明此畫出自張擇端手筆，名為《清明上河圖》。這幅畫自宋至今，曾經四次出入宮廷。最初由任職於翰林圖畫院的張擇端呈給宋徽宗，收入內府，北宋亡時，為金人所得；元明兩代曾經兩次收入宮中，都為人偷龍轉鳳運出；清朝籍沒大臣畢沅家產時，此圖再入宮，清末被溥儀運到東北。抗戰勝利，溥儀攜圖出逃失敗，畫作由東北博物館（今遼寧博物館）人員發現，後調到故宮。

第四章下列圖像出自商務印書館（香港）有限公司出版之《中華文明傳真．兩宋》：大駕鹵簿、金明池爭標圖、相撲、丁都賽磚雕、黑釉茶碗、烹茶、銀盞、剖魚，《敦煌石窟全集．民俗畫卷》：閻羅王殿。

東京夢清明上河圖

編　　著：杭　侃　宋　峰

顧　　問：李文儒

策　　劃：張倩儀　毛永波

責任編輯：蔡耀明　李綺年

設　　計：Foremedia Design & Production　張　毅

出　　版：商務印書館（香港）有限公司
香港筲箕灣耀興道 3 號東滙廣場 8 樓
http://www.commercialpress.com.hk

發　　行：香港聯合書刊物流有限公司
香港新界大埔汀麗路 36 號中華商務印刷大廈 3 字樓

印　　刷：中華商務彩色印刷有限公司
香港新界大埔汀麗路 36 號中華商務印刷大廈 14 字樓

版　　次：二〇一九年 六月第二版第一次印刷
ISBN 978 962 07 5835 5
Printed in Hong Kong